聖学院大学ボランティア活動支援センター編

共に育つ
"学生×大学×地域"

人生に響くボランティアコーディネーション

聖学院大学出版会

はじめに

聖学院大学ボランティア活動支援センター（通称：ボラセン、以下ボラセン）は、2022年に設立10周年を迎えました。ボラセン設立の直接の契機は、2011年の東日本大震災に際し、被災地の方々に心を寄せた学生たちの熱い想いと積極的な行動を、大学として応援しようとしたことにあります。それ以来、ボラセンは、専門職スタッフであるボランティアコーディネーター（以下、コーディネーター）を中心に、さまざまな困りごとを抱える地域や人びとに寄り添う学生たちの想いをカタチにするお手伝いを続けてきました。

振り返ってみると、その歩みは学生たちと共に教職員・大学も学び、育っていくプロセスでした。また、ボランティア活動を通して地域の課題に取り組みながら、同時に地域の皆さまから学生や大学を育てていただくプロセスでもありました。設立10年を機に、このプロセスの内実とその意義、そのなかでボランティアコーディネーション実践が果たしてきた機能と意義を確認し、広く世に問うことが本書刊行の意図です。

本書は以下の4章から構成されています。

第Ⅰ章では、ボラセンの実践の中核にあるボランティアコーディネーションについて、コーディネーターが自らの実践を振り返り、その役割や方法論、技術的・技能的な専門性について考察します。また、本学ボラセンの特徴の一つである学生サポートメンバー「サポメン！」にもその体験を振り返ってもらっています。本書のタイトル「人生に響くボランティアコーディネーション」とはいかなるものか、そのエッセンスをここに記しています。

第Ⅱ章では、ボランティア活動に取り組むことの学生にとっての意味を、学生自身による体験の振り返りを踏まえて考察します。ボランティア活動を通して学生は何を経験し、学び、成長していくのか。また、その学びが卒業後の人生にどのように影響するのかを検討します。ここでは各学生の振り返りの後に、コーディネーターがどのような意図で関わり、サポートしたのかを記しています。第Ⅰ章と合わせて、ボランティアコーディネーションの専

門性や意義・役割を考えるヒントになることを願います。

　第Ⅲ章では、地域にとっての学生ボランティアの意味について、これまで私たちと共に歩んでくださった地域の皆さまに振り返っていただくことをメインとしています。そこでは、学生のボランティア活動が地域を元気にすることができる一方、同時に学生の側も元気づけられ、学び、成長する様子が確認できます。第Ⅱ章と合わせ、学生と地域が「共に育つ」ということの意味を考えるヒントになることを願います。

　第Ⅳ章では、大学にとっての学生ボランティアの意義を考察します。そこでは、学生教育における意義を中心としつつもそれにとどまらず、地域連携のきっかけ・方法、研究活動への貢献、さらには高校と大学の連携（高大連携）まで多様な意義を確認することができます。現代の大学のあり方を考える上で、学生ボランティアがもつ可能性の一端を示すことができることを願います。

　本書では、以上のような視点からボラセン10年の歩みを振り返り、その実践的意義を明らかにしながら一定の理論化を試みます。そのようにいうと読者の皆さんは少し身構えてしまうかもしれません。しかし、ボラセンは課題や困りごとに真剣に向き合いつつも、ボランティア活動を「楽しむ」ことを大切にしてきました。本書でもその精神を貫き、多くの関係者の方々から飾らない言葉でご自身の経験や思いを率直に語っていただき、読者の皆さんとも一緒に楽しみながら考えていけることを目指しています。

　大学や地域等でボランティア支援に取り組んでいる方、すでにボランティア活動に取り組んでいる、取り組んでみたいと思っている大学生や高校生をはじめ、多くの皆さんのお手に取っていただけることを、編者一同、心より願っております。

編集委員代表
聖学院大学ボランティア活動支援センター所長
若原幸範

目　次

はじめに

第Ⅰ章　学生ボランティア支援の理論と実際

第Ⅱ章　学生ボランティアの可能性

第Ⅲ章　学生ボランティアと地域

第 I 章
学生ボランティア支援の理論と実際

1 ボランティアコーディネーターの基本的役割と専門性

1.1 学生ボランティアの源流と支援の歴史

（1）学生ボランティアの活躍と支援の始まり

　日本における学生ボランティアの源流をたどると、1923年の関東大震災の救援活動を契機として1925年（大正14年）に発足した東京帝国大学セツルメントに代表されるセツルメント活動にたどり着くことができます。セツルメントとは、宗教家や学生などが都市の貧困地区などに宿泊所、授産所などの施設を立ち上げ、そこに住み込み、暮らしている人々の生活を向上させるために活動を行う社会事業やそのための施設等を指します。その後も福祉分野を中心として、学生ボランティアが取り組まれてきましたが、大学として組織的に学生ボランティアを支援していく大きなきっかけとなったのは、1995年に起きた阪神・淡路大震災でした。1995年1月17日に発生した阪神・淡路大震災は、戦後最大の被害を出し、関連死を含め6,400名以上の方が亡くなりました。同時に、被災地や被災者の厳しい状況を少しでも支えようと、全国から延べ約140万人ともいわれるボランティアが駆けつけ、後に「ボランティア元年」とも呼ばれ、日本におけるボランティアに多大な影響を与えました。

　駆けつけたボランティアのおよそ40％が大学生であったとの報告もあり、大学生とボランティアの関係をより近づける機会にもなりました。学生ボランティアに関わる調査・研究も盛んに実施されるようになり、「学生ボランティアによる地域貢献の可能性」や「ボランティア活動による学習効果」への期待が高まりました。さらに、大勢のボランティアが善意をもって現地に駆け

つけても、受け皿や情報がないことで混乱が生じてしまったことへの反省から、学生ボランティアの支援の必要性が認識されていきました。

（2）広がる大学による学生ボランティアの支援

　日本学生支援機構が2019年に行った調査では、全国の大学のうち83.6％が「学生のボランティア活動に対する支援を実施している」と回答しています。そのようななか、大学生のボランティア活動支援を行う大学ボランティアセンターを設置し、専門性をもって支援を行うボランティアコーディネーターを配置する大学も増えています。

　大学ボランティアセンターの基本的な役割は、ボランティア活動に取り組みたい学生と学生ボランティアを求めている施設・団体をつなぐコーディネート機能です。両者が対等な関係で、互いにWin-Winの関係を築けるようにつなぐために、情報提供や必要に応じて研修の機会や活動へのアドバイス等も行います。全国の大学ボランティアセンターを継続的に調査・支援してきたNPO法人ユースビジョン（2021年3月活動終了）によれば、2019年7月23日現在、全国の大学に設置されているボランティアセンター数は169となっています。

　大学がセンターを設置する理由はさまざまですが、主な理由として、外的要因（大災害等による学生ボランティアと支援への期待の高まり、国の補助金等の政策による後押し）と大学内部の要因（大学の理念、活発な学生ボランティアの存在、熱心な教職員の働きかけ）とに分けられます。これらの要因が重なり合うことで、大学としてセンターを設置する動きが加速していくと考えられます。

（3）聖学院大学における学生ボランティア支援の歩み

　聖学院大学にボランティア活動支援センターが設置された直接の契機は、1000年に一度ともいわれる未曽有の災害であった2011年の東日本大震災でした。しかし、その設立の背景には、「神を仰ぎ　人に仕う」という大学建

学の精神があり、活発に取り組まれてきた学生ボランティアの存在、さらにその活動を熱心に応援する教職員の存在がありました。2000年には学生運営によるボランティアセンター（ボランティア部会）が設置され、現在の学生ボランティアコーディネーターである、学生サポートメンバー「サポメン！」（以下、サポメン）の活動にもつながっています。（詳しくは、本章4節参照）

　また、NPO法人コミュニティ活動支援センター（学校法人聖学院を中心に2001年発足、2014年12月活動終了）を中心とした学生・教職員による活動も盛んでした。そのため、震災直後から積極的な支援活動が展開され、2011年度には学生と教職員が連携して、「聖学院大学復興支援ボランティアセンター」を立ち上げました。その活動を引き継ぎつつ、災害ボランティアだけでなく、あらゆる学生ボランティアを支援する組織として、「ボランティア活動支援センター」（以下、ボラセン）が設立されました。なお、センター設立時の詳しい話は、第Ⅳ章1節で触れたいと思います。

1.2　ボランティアコーディネーターとは？

（1）ボランティアコーディネーターの8つの役割

　では、大学ボランティアセンターに配置されている専門職である「ボランティアコーディネーター」はどのような機能をもっているのでしょうか。コーディネーションという言葉には、「調整して全体の調和を生み出すという働き」と「各々の要素を対等（同格）にする」という意味があり、ボランティアコーディネーター（以下、コーディネーター）とは、ボランティアに関わる「調整をする人」「対等（同格）にする人」という2つの意味があると理解することができます。コーディネーターについて長年研究を行っている筒井のり子は、コーディネーターの役割として、①受け止める、②求める、③集める、④つなぐ、⑤高める、⑥創り出す、⑦まとめる、⑧発信する、の8つを示し、どの役割にもコーディネートの基本的な意味である「結ぶ：調整する、対等にする」という機能があるとし、図1-1のように図式化しています[1]。

図1-1　ボランティアコーディネーターの8つの役割
出典：筒井『ボランティアコーディネーター』、p.66、図2-1より。[1)]

　大学ボランティアセンターに配置されたコーディネーターも基本的な役割として、筒井の指摘した機能を備えているものと理解することができます。

(2) ボランティアコーディネーターの基本指針

　また、ボランティアコーディネーターの専門性の向上と社会的認知を進め、専門職としての確立を図ることを目的に設置された、認定NPO法人日本ボランティアコーディネーター協会では、ボランティアコーディネーターの「基本指針」を定め、「1. どのような社会を目指すのか　2. どのようにボランティ

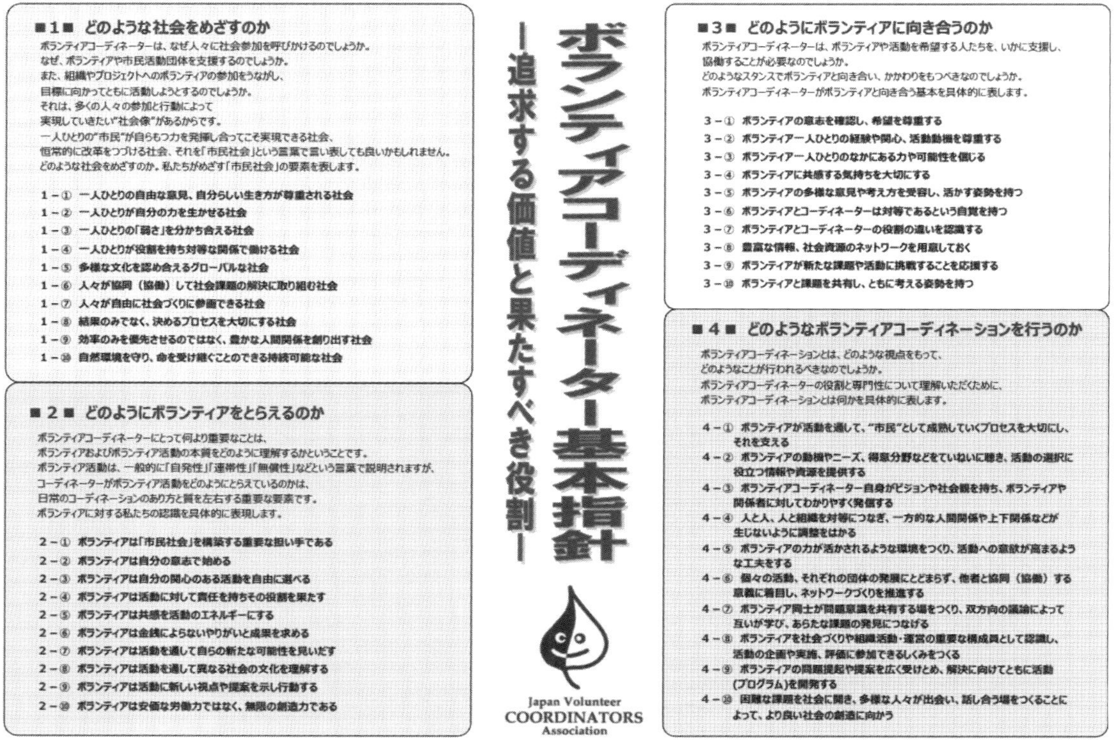

ボランティアコーディネーター基本指針
―追求する価値と果たすべき役割―

■1■ どのような社会をめざすのか

ボランティアコーディネーターは、なぜ人々に社会参加を呼びかけるのでしょうか。
なぜ、ボランティアや市民活動団体を支援するのでしょうか。
また、組織やプロジェクトへのボランティアの参加をうながし、
目標に向かってともに活動しようとするのでしょうか。
それは、多くの人々の参加と行動によって
実現していきたい"社会像"があるからです。
一人ひとりの"市民"が自らもつ力を発揮し合ってこそ実現できる社会、
恒常的に改革をつづける社会、それを「市民社会」という言葉で言い表しても良いかもしれません。
どのような社会をめざすのか。私たちがめざす「市民社会」の要素を表します。

1－① 一人ひとりの自由な意見、自分らしい生き方が尊重される社会
1－② 一人ひとりが自分の力を生かせる社会
1－③ 一人ひとりの「弱さ」を分かち合える社会
1－④ 一人ひとりが役割を持ち対等な関係で働ける社会
1－⑤ 多様な文化を認め合えるグローバルな社会
1－⑥ 人々が協同（協働）して社会課題の解決に取り組む社会
1－⑦ 人々が自由に社会づくりに参画できる社会
1－⑧ 結果のみでなく、決めるプロセスを大切にする社会
1－⑨ 効率のみを優先させるのではなく、豊かな人間関係を創り出す社会
1－⑩ 自然環境を守り、命を受け継ぐことのできる持続可能な社会

■2■ どのようにボランティアをとらえるのか

ボランティアコーディネーターにとって何より重要なことは、
ボランティアおよびボランティア活動の本質をどのように理解するかということです。
ボランティア活動は、一般的に「自発性」「連帯性」「無償性」などという言葉で説明されますが、
コーディネーターがボランティア活動をどのようにとらえているのかは、
日常のコーディネーションのあり方と質を左右する重要な要素です。
ボランティアに対する私たちの認識を具体的に表現します。

2－① ボランティアは「市民社会」を構築する重要な担い手である
2－② ボランティアは自分の意志で始める
2－③ ボランティアは自分の関心のある活動を自由に選べる
2－④ ボランティアは活動に対して責任を持ちその役割を果たす
2－⑤ ボランティアは共感を活動のエネルギーにする
2－⑥ ボランティアは金銭によらないやりがいと成果を求める
2－⑦ ボランティアは活動を通して自らの新たな可能性を見いだす
2－⑧ ボランティアは活動を通して異なる社会の文化を理解する
2－⑨ ボランティアは活動に新しい視点や提案を示し行動する
2－⑩ ボランティアは安価な労働力ではなく、無限の創造力である

■3■ どのようにボランティアに向き合うのか

ボランティアコーディネーターは、ボランティアや活動を希望する人たちを、いかに支援し、
協働することが必要なのでしょうか。
どのようなスタンスでボランティアと向き合い、かかわりをもつべきなのでしょうか。
ボランティアコーディネーターがボランティアと向き合う基本を具体的に表します。

3－① ボランティアの意志を確認し、希望を尊重する
3－② ボランティア一人ひとりの経験や関心、活動動機を尊重する
3－③ ボランティア一人ひとりのなかにある力や可能性を信じる
3－④ ボランティアに共感する気持ちを大切にする
3－⑤ ボランティアの多様な意見や考え方を受容し、活かす姿勢を持つ
3－⑥ ボランティアとコーディネーターは対等であるという自覚を持つ
3－⑦ ボランティアとコーディネーターの役割の違いを認識する
3－⑧ 豊富な情報、社会資源のネットワークを用意しておく
3－⑨ ボランティアが新たな課題や活動に挑戦することを応援する
3－⑩ ボランティアと課題を共有し、ともに考える姿勢を持つ

■4■ どのようなボランティアコーディネーションを行うのか

ボランティアコーディネーションとは、どのような視点をもって、
どのようなことが行われるべきなのでしょうか。
ボランティアコーディネーターの役割と専門性について理解いただくために、
ボランティアコーディネーションとは何かを具体的に表します。

4－① ボランティアが活動を通して、"市民"として成熟していくプロセスを大切にし、それを支える
4－② ボランティアの動機やニーズ、得意分野などをていねいに聴き、活動の選択に役立つ情報や資源を提供する
4－③ ボランティアコーディネーター自身がビジョンや社会観を持ち、ボランティアや関係者に対してわかりやすく発信する
4－④ 人と人、人と組織を対等につなぎ、一方的な人間関係や上下関係などが生じないように調整をはかる
4－⑤ ボランティアの力が活かされるような環境をつくり、活動への意欲が高まるような工夫をする
4－⑥ 個々の活動、それぞれの団体の発展にとどまらず、他者と協同（協働）する意義に着目し、ネットワークづくりを推進する
4－⑦ ボランティア同士が問題意識を共有する場をつくり、双方向の議論によって互いが学び、あらたな課題の発見につなげる
4－⑧ ボランティアを社会づくりや組織活動・運営の重要な構成員として認識し、活動の企画や実施、評価に参加できるしくみをつくる
4－⑨ ボランティアの問題提起や提案を広く受けとめ、解決に向けてともに活動（プログラム）を開発する
4－⑩ 困難な課題を社会に開き、多様な人々が出会い、話し合う場をつくることによって、より良い社会の創造に向かう

Japan Volunteer COORDINATORS Association

図1－2　ボランティアコーディネーターの「基本指針」
出典：認定NPO法人日本ボランティアコーディネーター協会ホームページより。

アをとらえるのか　3. どのようにボランティアに向き合うのか　4. どのようなボランティアコーディネーションを行うのか」という 4 つの視点から考え、40の要素を提案しています。この「基本指針」もまた、ボランティアコーディネーターの共通の役割であり、考え方だといえます。

1.3 大学ボランティアセンター・コーディネーターの役割

（1）これまでの実践と研究の中で見いだされるコーディネーターの役割

　専門職であるボランティアコーディネーターの共通基盤をもちつつ、大学という環境で働くボランティアコーディネーター（以下、コーディネーター）には、その環境に応じて求められる役割があります。まだまだ、新しい分野でもあり実践・研究ともに蓄積が不足していますが、大学は研究・教育の拠点であるため、特にボランティアを通した学生の学びや成長が期待されています。そのため、コーディネーターにも、学生が質の高い活動が展開できるように支援するだけではなく、活動を通した学びや成長へのサポートが求められています。これまでの、大学ボランティアコーディネーターの実践報告や研究から、コーディネーターの具体的な役割・視点を整理すると、その特徴として以下の 5 点をあげることができます。

①学生の主体性を引き出すファシリテーターとしての関わり

　ファシリテーターは「促進者」と訳されますが、会議等の進行役として、一人ひとりの発言を促し、より建設的な議論を促進する役割や、活動においても一人ひとりの思いを引き出し、主体的に関わりがもてるよう支援する存在といえます。コーディネーターはファシリテーターの役割を担うことで、ボランティアに関わる学生たちの主体的な発言や行動を促すことが特徴の一つとして見いだされます。

②学生の意欲・能力に応じた段階的な関わり

　ボランティア活動は自発性が重視されますが、「やる気のある人」「誘われ

て何となく来た人」など、そのモチベーションも多様です。さらに、リーダーとしてチームを引っ張ってきた経験のある学生や、そもそも人と一緒に何かを作り上げる経験をあまりしたことがない学生など、積み上げてきた経験値も多様です。そのため、コーディネーターは、学生との対話や関わりを通して、一人ひとりの意欲・能力を見極めた上で、その学生に合った活動や関わり方を紹介していくことになります。

③学生がさまざまな立場の人と協働する際に対等・公平に関係を構築できるような場の設定

　アルバイトでは、雇い主と雇われる側で上下関係があり、部活動でも先輩・後輩という年齢による上下関係が存在する場合があります。しかし、ボランティア活動は「やりたい人が集まって一緒に活動に取り組む」ものであるため、本来そこに集まった人に上下関係は存在しません。もちろん、主催者とボランティアや、経験年数の違いはありますが、それは役割の違いであって本質的な意味においては対等な関係だといえます。ただ、社会経験の乏しい学生にとっては、そのような場に出ていくことには不安も多いため、コーディネーターが間に入り対等な協働関係を構築できるよう環境の整備を行います。

④活動全体を通したリフレクション

　ボランティア活動を自分の気づきや学びに落とし込むために、リフレクション（振り返り）はとても重要な役割を果たします。「活動における自分の役割は適切だったのか？」「活動を通して身につけた力は何か？　また、足りない力は何か？」「活動の背景にある社会課題は何か？　また、どうすれば解決できるのか？」等々、多様な問いかけをすることで、活動を通した学びへとつなげていきます。直接的な問いかけだけでなく、レポートやグループディスカッションなど多様な方法でリフレクションを促し、学生たちのボランティア活動を通した学びを促進します。

⑤指示・指導ではなく受容・共感に基づく支持的な関わり

　ボランティアは自主的かつ主体的な活動であるため、活動をするかしないか、どのように展開するかも含めて、学生自身が決めていくことが重要にな

ります。そのためコーディネーターは、学生の思いを受け止め、その思いを
実現するためのサポートを行うことになります。リスクマネジメント上、や
むを得ず指示を出すことはありえますが、原則として指示・指導を行うこと
はありません。

（2）聖学院大学のボランティアコーディネーターにみる基本的な姿勢
　ここではさらに、聖学院大学のボラセンのコーディネーターが大切にして
いる姿勢について紹介をさせていただきます。コーディネーターは自分たち
の基本的な役割について説明する際、「（学生の）声に耳を傾けてじっくり聴
く」「強みを生かした現実的活動の提案」「〈一緒につくる〉からはじめる」
「失敗・つまずき　に寄り添う」という表現をしています。この基本的な役
割について、より詳しく紹介したものが以下の7つになります。コーディネー
ターたちはこの7つの関わり方を大切にしながら、同時に各コーディネーター
のキャラクターを生かしたコーディネーションを行っています。またセンター
内では、個別ケースについての事例検討会や、センター所長の提案で設置さ
れた学生ボランティア支援に関わる研究会を開催し、コーディネーターの専
門性向上のための学び合いを行っています。

①自己決定の尊重
　「自己決定の尊重」は、社会の中で生活する上で困っていたり、不安を抱
えている方々、社会的に疎外されている方々の支援者であるソーシャルワー
カーの個別援助の原則の一つであり、「利用者自身の人格を尊重し、自らの
問題は自らが判断して決定していく自由があるという理念に基づいている」[2]
とされています。自己決定を尊重する姿勢とは、コーディネーターが答えを
示したり、主導していく関わりではないともいえます。学生が自己決定して
いけるよう、必要な情報や選択肢は提示しつつ、その情報や選択肢を選び取
り決定していくのは学生自身であるという関わり方であると考えられます。

②受容

　「受容」も、「自己決定」と同様に、ソーシャルワーカーの個別援助の原則の一つとされています。「利用者の心情を精神的・情緒的に受け入れること。援助者が援助を行う上で、サービス利用者の行動や態度を自らの価値観で判断して接するのではなく、そのあるがままを受け入れて問題を理解しようとする姿勢のことをいう。援助者が受容することで、利用者は自分自身に対する否定的な感情を捨て、自らの受容につながる」[3] と説明されています。コーディネーターたちは、学生の経験が未熟ゆえの発言や学生自身に対するネガティブな発言であっても、その発言の背景も含め理解に努め、そのままを受け止めるように心がけています。

③価値観を押しつけない（非審判的態度）

　コーディネーターの価値観を押しつけないという姿勢は、専門用語で「非審判的態度」とも呼ばれ、上記2つと同様、個別援助の原則の一つです。「援助者が援助を行う上で、自らの倫理観、価値観に基づいて、サービス利用者の行動や態度を批判したり、決めつけたりしないことをいう。利用者に対して非審判的態度を取ることで、あるがままを受け入れて、利用者を理解することにつながる」[4] とされています。コーディネーターは、学生との関わりにおいて、自分の価値観を押し付けるのではなく、学生の思いを否定することなく、学生自身が、自分の行動の意味やこれから取り組むべきことに気づいていけるような関わり方をしています。

④肯定的なフィードバック

　上記の3点はやや支援者が受動的な立場になりますが、単に学生の話を受け止めるだけでなく、学生の行動や言葉に対して、肯定的に受け止め、さらに学生自身にフィードバックを行っているという点もコーディネーターの視点として見いだすことができます。

⑤活動の結果だけでなくそのプロセスを重視する

　活動を通して、活動先の方々から感謝されたり、社会的なインパクトを与えるなどの成果が上がった際、その成果に対してフィードバックを行ってい

ます。しかし、この評価の視点は、必ずしも成果を出すということにのみ向けられているものではありません。活動ごとの成果という視点だけでなく、それ以上に、そのプロセスで学生がどのように取り組み、何を学び取り、次につなげられているかという視点を重要視しています。

⑥さまざまな場面での問いかけによる振り返りの機会

　また、コーディネーターの基本的なスタンスとして、指示や指導ではなく、問いかけと提案というかたちを徹底しています。学生に事あるごとに直接問いかけることや、場合によっては活動レポート等を課すことで、学生自身が自らの活動の意味や自分の行った役割等を振り返り、自分が行ったことの意味を自分自身で自覚することを促しています。その振り返りのプロセスから、学生の新たな気づきや次の活動へのモチベーションへとつながり、循環していることもうかがえます。

⑦活動を行う上での環境整備

　コーディネーターの働きかけの対象は、活動を行う学生だけではなく、受入れ先も含まれます。これは単に受入れ側のニーズと活動者のニーズをつなげるということにとどまらず、より良い関係構築や活動を行う上での環境整備も行っています。

　本章2節では、実践報告としてコーディネーター本人が学生との関わり方で大切にしている点について、「学生と対等であること」（2-2：芦澤）、「一番身近でなんでも話せるお姉さん的存在」（2-1：丸山）と表現されています。この表現の中に、教員でもない、事務職員でもないボランティアコーディネーターの学生に対する独自の姿勢が凝縮されているように思います。また、他大学のボランティアセンターからも、このような学生に対する丁寧な関わりが聖学院大学の特徴であると認識されているようです。

（3）学生からみえるコーディネーターの姿

　では、学生からみたボランティアコーディネーターとは、どのような存在

なのでしょうか。詳細は、3節に当事者たちの声として掲載されていますので、ここではコーディネーターの思いに対応する箇所だけを簡単に紹介をさせていただきます。

「常日頃学生の話を親身に聞いてくださり、どんなことでも必ず受け止めてくれる安心感があったからこそ、学生はボラセンに集っていたのだと思います。まさにアットホームという言葉がぴったりでした」（3-1：松本）の言葉は、丸山コーディネーターが目指していた関わりそのもののように感じられます。確かに聖学院のボラセンでは、ボランティア団体の運営についての相談に乗っているうちに、気がつけばメンバー内の恋愛相談が混ざっていたり、関わりが長くなるにつれ将来の進路について相談に乗るようなこともしばしばです。

「ありのままの思いや葛藤を受け止め、伴走し続けてくれたコーディネーターの存在がなければ、『自分なんて』という壁を乗り越えることはできませんでした」（3-2：野村）という言葉にも、学生の想いを尊重し、学生と対等に関わってきたコーディネーターの姿勢を確認することができます。ボランティア活動が社会の課題に向き合う実践である以上、活動の中でさまざまな悩みをもつことはある意味で当然のことのように思います。その、悩みに寄り添う存在があることで、学生自身が自分の力を信じ、壁を越えていけるのではないでしょうか。本章を通して、学生ボランティアの支援のあり方とその可能性について一緒に理解を深めていただけたらと思います。

注

1）筒井のり子『ボランティアコーディネーター──その理論と実際』ボランティア・テキストシリーズ 7、大阪ボランティア協会出版部、1990年、66頁。
2）中央法規出版編集部編『社会福祉用語辞典』六訂、中央法規出版、2012年、203頁。
3）同、268頁。
4）同、494頁。

2 ボランティアコーディネーターとして大切にしていること

　実際のボランティアコーディネーションについて、コーディネーターの立場から「学生との関わりで大切にしている視点」「具体的な姿勢や手法」について紹介していきます。経験年数もバックグラウンドも想定している場面も違う 3 人のコーディネーターですが、学生の主体性を尊重する共通の姿勢がみえてきます。

2-1　学生の特性を理解した上での支援

丸山阿子（ボランティアコーディネーター）

　ボラセン発足当初から、コーディネーターとして2021年まで関わりました。学生たちからは「あこさん」と呼ばれておりました。コーディネーター歴は、前職も含めると14年ほどです。本題に入る前に、少しだけ私のことをお話しします。

　大学では、心理学と福祉について学び、社会福祉士の資格を取得しました。私も学生時代は、ボランティア団体を立ち上げ、代表として活動を行っていました。ボランティア団体を立ち上げるときには、すごいエネルギーと集中力が必要ですよね。私も孤軍奮闘、関係各所との連絡調整、雑務も含め、多岐にわたる作業を 1 人で行っていたので、メンバーに恵まれてはいましたが、なかなか社会人になっても代表の座を退けずにいました。そんな時、当時お世話になっていた上司から、「あなたが辞めない限り、他のメンバーがこの役割を経験することができないし、1 人に任せるのが不安なら複数のメンバーに受け渡せばいい。やめるも勇気！」と、背中を押され、ドキドキしながら後輩へバトンをつないだあの日を、今でもしっかり覚えています。

　自分が代表という役目を終えたとき、ふと、見える世界が変わったことに気

がつきました。がむしゃらに活動していた当初は、自分ができることを精一杯提供する毎日でしたが、少しずつ視点が変わり、若者が地域で活動することで、双方にとって目には見えないギフトを享受しあえた喜びに気づき、これからはもっと違うかたちでサポートできたらいいな、と思うようになったのです。

　ありがたいことに、その後、大学でコーディネーターとして勤務する機会を与えられた私は、同じようにボランティア団体の代表として悩む学生の相談に乗ったり、地域の方からの情報をまとめたり、時には学生のやりたいことを引き出すワークを行ったりする毎日。忙しくも、楽しくて、感動的な毎日が始まったのです。

　学生の特性を理解した上で……と、タイトルにはありますが、そんな偉そうに語ることは実はあまりないような感じがしています。自分が学生時代に社会人の方から言われてうれしかった言葉や、悶々とした、答えのあるようなないような…そんなふわっとした悩みを聞いてもらえた安心感、うずうずと眠っていたスキルをぐいっと引っ張り出してもらえた喜び、それら全てが、感覚で残っているんですよね。きっと、皆さん一人ひとりの中にも、同じような感覚は眠っているのではないでしょうか。

　ですから、私が社会人になった立場で学生ボランティアの皆さんと接していたときも、なるべく壁をつくらず、「一番身近でなんでも話せるお姉さん的存在」でいることを意識していたように思います。学生生活の忙しい中でも、「誰かの役に立ちたい」と想いを募らせてボラセンの窓口に来てくれたことに感謝ですし、目の前の相談に来てくれた学生に、まず私が「興味をもつ」こと。どんな事柄に興味・関心がある学生なのか、どんな大学生活を送りたいのか、将来の夢や、家族構成など、丁寧にヒアリングするところからスタートします。なので、初回の来室時には、ボランティアのマッチングは行いませんでした。

　もし、あなたが、大学生（もしくは高校生）の立場だとして、初対面の大人に、いきなり本心を見せることができますか？　自己開示するまでに、どのくらいの時間を必要とするでしょう？　コーディネーターもまた一人ひと

り個性があり、話せる内容も異なります。相性もあるでしょう。だからこそ、「はじめまして」の時間をとても大切にしてきました。私がどんな人間性で、あなたがどんな人で、どんな未来をイメージしているのかをゆっくり共有してから、やってみたいこと、関わってみたい人や場所、施設や地域のキーとなる方とつないできました。

　もし、あなたが、まだ本心を見せておらず、自己開示ができていない段階で、コーディネーターがあなたに活動先を紹介してきたら、どんな気持ちになるでしょうか？　大体は、「ありがとうございます、考えてみます」とその場を去り、結果、活動しないことを選択するのではないでしょうか？　それは、あなたをよく知りもしないのに決めつけたことに、あなたの内側で抵抗や反発が起きているからだと思うのです。

　コーディネーターは、「質問力」が問われると思っています。少しの対話から想いを馳せることはあっても、決して「この学生はこういう学生だろう」と決めつけたり、答えを出すことはしません。学生たちの中に眠る才能や想いを引き出すような、質の高い問いかけ、不安を柔らかく溶かしていく空気と包容力が、結果として双方の納得のできる、心のこもった温かいボランティア活動を生み出していきます。

　大学ボランティアセンターの主役は、学生たちです。彼らの目に映る世界に目線を合わせ、一緒により良い未来のために歩んでいくことは、この上なく幸せな時間でした。これからコーディネーターを目指す方にも、これからボランティアをやろうと考えている方にも、等身大で、「遊び心」を忘れず、人生のすべての出会いを楽しんでいただきたいと思います。

2-2　窓口対応で大切にしていること

芦澤弘子（ボランティアコーディネーター）

　学生一人ひとり興味関心は異なります。同じ分野に関心があったとしても

やりたいことは異なります。そんなことから、ボラセンでは幅広い分野を紹介できるように日頃から情報収集に励んでいます。分野によってはボランティアの募集がされておらず、講演や講座などの学びや交流の機会に限られ、必ずしもボランティア活動を紹介できるとは限りません。しかし、中には学びを求める学生もいるので、ボランティア活動を紹介することだけにこだわらず、講座等を紹介するのもポイントだと思っています。また、この学科だからこの活動に関心があるだろうと決めつけずに、最初は必ず、「どんな活動に興味がありますか？」という質問からやり取りを始めます。

　そして時間が許せば、本人の関心分野に限らず、さまざまな分野の活動を紹介するようにしています。なぜならば、学生のほとんどはボランティア活動の経験がなく、自身のわかる範囲のイメージをもって来室するからです。そんな学生たちのあらゆる関心を引き出し、視野を広げる応援をしたいと思っています。

　活動のマッチングにあたって、学生によっては、その場で紹介した活動への参加を即決しなければいけないと思い込んでいることがあります。そのため、「今すぐに決めなくてよいので、一度情報を持ち帰って、活動に参加するかどうか考えて、活動を希望する際は再度来室してください」と伝えるようにしています。このやりとりには、勧められたままに活動するのではなく、自分はどのような活動をしたいのかを考え、自主性をもって活動してほしいというコーディネーターの願いが込められています。

　ボラセンは広く開放しているつもりですが、事務室に入るのをためらう学生も多くいます。そんな学生の気持ちに応えるべく、廊下にも情報を掲示して、事務室に入らなくとも情報に触れられるようにしています。しかし、学生だけで判断して活動に参加すると、学生と受け入れ団体のミスマッチにつながることが考えられます。また、活動に参加するには保険加入や最近では新型コロナウイルス感染症対策といった諸注意を伝える必要もあります。そのことから、活動への参加はボラセンで相談してもらうことを前提に情報を掲示しています。そこで、事務室に入れなかったために活動のチャンスを失うということがないように、「あっ、いま足音がして掲示板の前で止まった」、

「どうやら掲示板を見ながら学生同士がこそこそおしゃべりしている」といった感じで、足音や声に敏感に反応して、すかさず廊下に出て行って、「何か気になる活動ありますか？」と声をかけるようにしています。聴覚、瞬発力という思わぬ力が鍛えられています。

　そして、一番大切にしていることは何かと聞かれたら、それは「学生と対等であること」です。コーディネーターは提案をする人であっても、指導をする人ではありません。コーディネーターが違うことを言っていると思えば、「それは違う」と学生が言える、そういう関係性づくりを大切にしています。大学の職員と学生の関係性は指導する側とされる側になりがちで、ボラセンでも、「コーディネーターの言っていることは全て正しいから言うことを聞いておけばよい」と学生に思われてしまうことが多々あります。そうすると、学生が自ら考えて行動する機会を奪うことにもなりかねません。「私はこう考えているけれど、必ずしも正解とは思っていないので皆さんの考えが聞きたい」というように、学生が考える余地をつくるような語りかけを行うよう心がけています。それゆえ、教育機関では少し浮いてしまう存在なのかもしれません。

2-3　私にとってのボランティアコーディネーション

原　一織（ボランティアコーディネーター）

　学生ボランティア団体の定例会議に立ち会ったとき、これまで何度か十数秒続く沈黙に出くわしてきました。基本的に学生ボランティア団体に対して私たちは、「何かあったときは相談に乗るね」というスタンスをとっているので、個々の団体の定例会議には立ち会いません。しかし、団体を立ち上げて間もないときや、世代交代したばかりで運営方法を模索しているときなど、状況に応じて動くこともあります。

　ボランティアコーディネーションを、【①ボランティアの受け入れ】、【②ボランティアの送り出し】、【③中間支援】の大きく３つの働きに分けたと

して、大学ボランティアセンターにおけるコーディネーションのメインは、【②送り出し】といわれています。ボランティアの力を必要としている地域や団体と、その活動を「やりたい」学生をマッチングして送り出す。そして、活動後は振り返りを通してさまざまな気づきや学びに学生が自らつなげられるよう問いかけをする、という働きです。ちなみに、【①受け入れ】はボランティアの力を必要とする地域の団体などがボランティアを受け入れ、まとめながら活動を創造していくことを指し、【③中間支援】はボランティア団体自体の立ち上げや運営、活動の支援を行うことを指します。大学ボランティアセンターは、ただ地域に学生ボランティアを "送り出す" だけでなく、学内で誰でも気軽に参加できるボランティアの場を "創り"、"受け入れ"、一方で「一人の想いをカタチにする」ための団体立ち上げや運営支援なども行います。そういった多様な働きを求められることが、大学ボランティアセンターにおけるコーディネーションの面白さであり難しさなのではないかと感じています。

　例えば、先の「沈黙の会議」に出くわしたのは、【③中間支援】にあたる動きをしているときでした。世代交代したばかりの団体だったため、会議を進行していくこと自体にメンバーが慣れておらず、出方がわからないのかもしれないと考え、「○○するのはどうだろう？」と一提案のつもりで発言しました。議論の口火を切るだけが狙いだったのですが、すっかりその場は「○○しなければ」という、オトナの話を聞くモードになってしまいました。職員という立場であり、かつ学生より年配である人間の発言が影響力をもつことを自覚した瞬間でした。また、一言を重く捉えられてしまうほど学生との関係が築けていなかった自分にも気づき、とてもショックだったことを覚えています。

　多くの学生は学業にアルバイト、サークル活動など、なかなか時間がないなかをやりくりしており、打ち合わせ時間は限られています。ボランティアは "相手がある" 活動なので、「いつまでに何を決める」といったさまざまな締め切りが生じますが、学生ゆえ時間の読みが甘いこともしばしば見受けられ、焦ることも多いです。しかし、だからといっていろいろ口出しすれば

自主性を奪うことにつながります。一人ひとりの想いや状況を受け止めながら、どれくらいのあんばいで、どのような声かけを、グループであれば誰にするのか。関わっている人のあらゆる想いが交錯するなか、先輩、後輩、協働先、先生方／委ねる、問いかける、頼む／対面、メール、LINE……手法も含めさまざまな可能性を考え、選択肢をもって、学生と支援先にとってベターな方法を模索しますが、何が正解かわからず、いつも迷います。

　そんななかでも、まずは学生との関係性をつくり、「あなたの意見はとても大事で尊重されるべきもの。私はそれを聞きたい」という態度を示すことが大事なのだと、これまでの経験から感じています。また同時に、学生が壁にぶつかったときに、「自分がやりたくてやっていること」という原点の気づきを何度でもしてもらえるような問いかけを、学生に対してし続けることも自分の役割だと考えるようにもなりました。しかし何より重要なのは、「失敗してもいい」ということを担保しておくのが大学ボランティアセンターの一つ大きな役割だということです。他のコーディネーターとも随時そのことを確認しながら取り組んでおり、私にとってはそれが大きな指針となっています。それぞれのコーディネーターによって見える景色が違い、それゆえできる支援のかたちもあります。

　大学ボランティアセンターは、社会参加していく市民が育っていく一つの通過点。一人ひとりと大切に向き合っていきたいと思っています。

3 ｜ 学生とボランティアセンター・コーディネーターとの関係

　学生にとってボランティアセンターやコーディネーターとはどのような存在なのか。学生の立場からみたコーディネーターの姿や関係性を紹介していきます。また、学生とコーディネーター両方を経験した立場からみえた、両者の関係性やボランティアの可能性についても紹介していきます。

3-1　学生とボランティアの架橋

松本一帆（こども心理学科2021年卒）

　私が聖学院大学での学生生活の中で一番足を運び、お世話になった場所は、ボラセンです。ボランティア活動をし始めた当初は、主に所属団体の活動に関する相談をしていましたが、関係が深くなっていくうちに、学生生活や私生活の悩みまでも聞いていただく関係になりました。

　コーディネーターは学生にとって友達や教員とは異なりますが、どこか似た部分があったように思います。経験豊富なコーディネーターさんたちからはボランティアや人との関わり方について学ぶことが多くあり、知識や経験を積む機会も与えていただきました。その反面、プライベートな部分も打ち明けられる空気感をもっていて、学生との間には不思議で心地良い距離感がありました。常日頃学生の話を親身に聞いてくださり、どんなことでも必ず受け止めてくれる安心感があったからこそ、学生はボラセンに集っていたのだと思います。まさにアットホームという言葉がぴったりでした。

　当時のことを振り返ると、コーディネーターさんたちは日常の何気ない会話からも学生の性格や特徴をつかんでいて、またそこから個人に合った対応をしてくださっていました。さまざまなタイプの学生とボランティアの間に立つ架橋となり、ニーズを結び合わせることは簡単なことではないでしょう。学生一人ひとりと向き合ってくれるコーディネーターたちにめぐり合えたことは学生時代の大きな支えとなっていました。

　そんなコーディネーターさんの寄り添いを見ていて、自分も何かの中間に立ちニーズを結びつける架橋のような仕事をしたいと思い、今の仕事に就きました。私にとってはキャリア選択にまでも刺激や影響を与えてくれた存在です。

　学生の中には大学生活を学業とアルバイトだけで終わらせてしまう人も少なくないでしょう。しかし、時間に余裕のある大学生だからこそ、自分から

行動を起こせばさまざまなチャンスをつかむことができます。そして、それを支えてくださるのがコーディネーターさんをはじめとする大学の教職員の皆さんです。私はボランティア活動に携わったからこそ、教職員さんたちの支援や存在の大きさに気づくことができました。

　何事も一歩を踏み出すまではとても勇気が必要ですが、いざ行動してみると支えてくれる人がたくさんいることがわかります。私はその支えの大きさを感じられたことで、チャレンジすることへの不安が少なくなり、行動的な自分になれました。

　学生が助けを必要としたときに必ず手を差し伸べてくれる大人がいるということは、実際に助けを求めたときに初めて実感できるのかもしれません。ボランティア活動に関わりたいけれど、不安や抵抗があり、なかなか踏み出せない学生には、ぜひ一度ボラセンの温かさを感じてもらえたらと思います。

3-2　本質的であるためにボランティアと向き合う

野村実梨（こども心理学科2017年卒／
ボランティア活動支援センター元コーディネーター）

ボランティアを通して自分と向き合った学生時代

　私が初めてボラセンを訪れたのは、入学して間もない大学１年生の４月のことでした。というのも、私が聖学院大学を志す決め手となったものが、ボラセンと学生が協働で実施していた「復興支援ボランティアスタディツアー」（以下、スタディツアー）の存在だったからです。初めて参加したオープンキャンパスで、私はスタディツアーに参加した学生が作成した報告書を目にしました。実際に被災地を訪れ、今の姿を追いかけながら現地の方々と交流する内容を見て、私は衝撃を受けたことを覚えています。当時、被災地の報道を目にし、そこで起きている出来事を追いかけなくてはと思いながらも、行動に落とし込めていない自分をもどかしく思っていたからです。大学進学に対して目的も見つけられていませんでしたが、この報告書に出会い、

ここでやりたいことを見つけることができました。そして入学後すぐにスタディツアーに参加し、そこから少しずつ、ボラセンやコーディネーターとの関わりをもつようになりました。

　私は中高生の頃からボランティア募集の情報を探し、一人飛び込んでいました。中には、知りたい世界に触れられず、満足いく活動につながらないものも少なくありませんでした。しかし大学の中で出会ったボランティア活動は、私がどんな相手と対峙し、何と向き合っていきたいのかという問いを紐解いて、自分にできることを追求してゆく場となり、社会への関心をより深めていったように思います。

　私が特にメインでボラセンと関わることになったのは、復興支援活動です。コーディネーターに自身の想いを受け止めてもらいながら整理し、ベストな選択を共に模索してもらうことで、「見えづらい生きづらさ」に寄り添いたいという想いに気づき、自分の中にストンと落ちていく感覚がありました。

　でも実は、スタディツアー参加後に自身の中で葛藤が生まれ、活動に参加しただけでは消化できない状態になった時期がありました。ニュースでしか触れることのなかった"被災地"を訪れ、感じたことが、自分の中で受け止めきれなくなっていたのです。「私のような人間にできることはない」と思い、大きな壁を感じていました。

　そもそもボランティアというかたちで現場に飛び込み、社会で起きていることをこの目で見てみたいと思うようになったのは、将来、自分がどのように社会で歩んでいけるのかを探るためであったように思います。それが、このようなかたちでつまずいたことで、「自分にできることなどない」と思うようになっていました。

　そんな時、コーディネーターから「スタディツアーで訪れた岩手県釜石市の魅力を発信するフェスをやってみないか？」と声をかけていただき、参加することにしました。すると、フェスの準備をしていくなかで、私はなぜ復興支援に関わることを恐れていたのか、自分を突き動かしたものは何だったのか、みえてくる感覚がありました。「誰かのためにならなきゃ」という強

い使命感が、自分の歩みを止めていたのです。何かしたいけれど"何もできない自分"がいる。それは確かなこととしてありながら、スタディツアーで知り得たものを、多くの方へ伝えたいというまっすぐな気持ちがあることに気づきました。ボランティアをしていくなかで、自分と他者を切り離さずに物事を捉えようとすることは、時に本質を見誤ることにつながっていたのかもしれません。

　ありのままの思いや葛藤を受け止め、伴走し続けてくれたコーディネーターの存在がなければ、「自分なんて」という壁を乗り越えることはできませんでした。私は、自分の軸を取り戻し、フェスを最後までやり遂げることができました。そしてこの経験が、私にとって、自分の可能性を信じる第一歩となったのです。

支援する立場になってみえてきたこと

　卒業後、私は子育て支援の新たなインフラを考えるNPOに就職し、子育てにまつわるさまざまな問題と自分なりに向き合いました。そして私は後に、縁あって聖学院大学のボラセンでコーディネーターの立場を経験することができました。コーディネーターとして、私にできることは何か。学生時代の自分を思い返しながら、日々学生と共に奮闘しました。

　社会の入口に立つための準備期間として、大学4年間で大切となる第一歩は、私は「憧れを抱くこと」なのではないかと思います。「こんな人間になりたい」「こんな仕事がしたい」という憧れは、きっと卒業後の進路を考えるきっかけとなり、その選択肢の一つとしてボランティアは、実はとっても身近なものなのかもしれません。しかし、きっと"憧れ"だけでは、社会の中で上手く歩いていくことができなくなってしまうと思うのです。

　そこでコーディネーターとしてできることを考え、みえてきたことは、「学生が安心して挫折できる環境をデザインすることではないか」ということです。どの学生も、4年間の中で、今後どのように社会生活を送っていきたいか、あるいはどんな歩み方が自分にできるのかを探らなくてはいけません。

私は、ボランティアを通して、社会に対する疑問と向き合い、自分なりの考えを見つけ、それを発信する力を身につけてゆきました。しかしその先には、はっきりとした答えや結果があるわけではなく、さまざまな考えをもつ人びとと交わりながら、常に暫定的な答えと共存していくものなのだと知りました。解決までの道のりが果てしなく思える問題や、見えづらいけれど、実はそこらじゅうにある生きづらさを目の前に、自分の一歩は社会にとってほんの小さなアクションでしかないのです。しかし同時に、この小さなアクションが積み重ならなければ、何も変わらないということを学んだように思います。自分なりの考えにたどり着き、自分にできる一歩を積み重ねることに意義をもつことが重要だと感じています。その過程として、「挫折」はとても大切な経験のように思うのです。

　学生と関わるなかで、挫折を避けて、いつの間にか活動から遠ざかる学生がいるように感じました。ボランティアは自由参加なので、自ら離れるなら仕方がないと諦めることは、少なからず場面としてあるのだと思います。しかし、それは本当に本人が考えた上で判断したことなのかと疑問に思うことがありました。もしかしたら、壁にぶつかって、挫折することを恐れているのではないかと感じたのです。進み方がわからずに、戸惑ってフリーズしているということもあるかもしれないと思いました。

　それに気づいたとき私は、これまでどれだけ多くの学生が可能性の芽をつぶされてきたのだろう、と怖くなりました。とはいえ、挫折した学生に対して、頭ごなしに「社会とはこういうものだよ」と言って、無理やり社会に同化させることは、人の力を奪ってしまうことにつながると痛感しています。

　学生が自分の大切にしたいことに自ら気づき、自分の力で歩んでいくために、時に、彼らの「強み」だけでなく、「生きづらさ」にも一つひとつ目を向けることが欠かせないと感じました。とことん彼らと向き合い、彼らが社会の中で安心して「挫折」できる土俵を用意することが、とても重要なことのように思います。こういった非効率にみえる小さな積み重ねを続けることで、やりたいことが見つからず、どこに行っても上手く居場所が見つけられ

なかった学生が、ボランティア仲間や地域の中で「なくてはならない存在」に変わっていったりします。そんなプロセスを学生と一緒に楽しめるところが、ボランティア支援の面白さであることを経験しました。

　ボランティアは学生にとって、価値のあるものになる。そして、きっとそこから得られるものは、その後の社会での歩みを支えてくれるものになる。2つの立場を経験して、そう強く感じました。

　直接触れるからこそわかるものがあるはずだと、私は信じています。そしてそんな経験を、これからも後輩たちに経験してほしいと強く思います。ボランティアというかたちで触れる社会が学生にとってもっと身近になることを私は願っています。

4 ｜ 学生が学生のボランティアを支援する：学生サポートメンバー

　ボランティアコーディネーションは、専門職だけが担うものではありません。学生の立場から、ボランティアを広げ、発信していく学生ボランティアコーディネーターとして活躍するボランティアスタッフも存在します。ここでは、学生ボランティアコーディネーターである学生サポートメンバー「サポメン！」（以下、サポメン）について紹介をしていきます。まず、サポメンの背景や基本的な役割、ボラセンとの関係について紹介し、続いてサポメンとして活動した学生の声を紹介していきます。

4.1　聖学院大学ならではのサポメンの特徴とボラセンの関係

　聖学院大学のボラセンには、職員のコーディネーターとともに活躍する学生スタッフたちがいることをご存じでしょうか。名称は学生サポートメンバー「サポメン！」。本学の学生のボランティア活動を応援する要の存在です。

　学生スタッフシステムをもつボランティアセンターは他大学にもあります

▲ボランティア活動を広げるきっかけとなったボランティア掲示板

が、サポメンの生まれた背景、仕組みや位置づけ、活動内容などに、本学ならではの特徴があります。ポイントを3つに絞って紹介します。

①本学初のボラセンは、学生運営から始まった

　本学では2012年にボランティア活動支援センターを設置しましたが、実はそれより12年も前に、学生運営のボランティアセンターである「ボランティア部会」を設置し、支援をスタートしました。それは当時の学生たちの中に、「もっと学生にボランティア活動を広げたい」という動きがあったからで、学生たちが主体的に、ボランティア掲示板の運営、ボランティア祭りの開催、ボランティア団体の情報交換会、他大学との情報交換会やネットワークづくり、学生によるボランティア紹介、ボランティアに関する講演会などを行っていました。このことは、本学の学生たちの中に、もともとボランティア活動へのニーズと行動力があることを物語っています。

②サポメンは本学のボラセンを共につくるパートナー

　2011年に東日本大震災があり、本学では直後に「東日本大震災復興支援ボランティアセンター」を立ち上げ、翌年4月にこれをバージョンアップするかたちで「ボランティア活動支援センター」を設置しました。「学生と共につくる、育つセンター」を目指し、すぐに、学生スタッフ養成講座を開催し、11名の学生が受講しました。講座では、大学にボラセンが設置されることでどのような可能性が開けていくのか、ボランティアをどう人に伝えるのか、学生スタッフとしてできること・やりたいことは何かを考え、受講者同士で想いを共有しました。「ボラセンとともに、本学のボランティア活動を盛り上げる」サポメンが誕生した瞬間です。

　養成講座では、地域の社会福祉協議会やNPO、障害者支援施設のスタッフをお招きし、大学周辺のボランティア活動を教えていただいたり、他大学の学生たちに参加を呼びかけ、情報交換とグループワークを行って相互連携の可能性を探るなど、サポメンとして、すぐ次の一歩を踏み出せるようなプログラムを用意しています。毎年6月頃に養成講座を開催し、5〜10名ほどの修了者がサポメンとしてチームに加わり、定例ミーティングで自分たちができる・やりたい活動を検討します。コーディネーターもミーティングに同席し、学生ボランティアの初めの一歩の応援や活動者同士の交流などボラセンのミッションと重なる取り組みについて、連携しながら実施しています。

　また、「学生の声を反映させなければ良いセンターになれない」という考えから、センター運営委員会にサポメンが2名、委員として参加しています。教職員の委員会組織に学生が加わる事例は珍しいのではないでしょうか。当事者である学生こそボラセンをつくるパートナーという、本学の本気の現れであり、大きな特徴となっています。

　サポメンたちも「私たちのボラセン」と感じてくれているようで、卒業後も多くのサポメンが、ボラセンや後輩のサポートに関わっています。2015年から毎年開催している「聖学院大学ボランティア・まちづくり活動助成事業公開審査会」では、後輩たちのために「ドネーションパーティー」（寄付

を募る交流会）に参加する懐かしい顔ぶれに出会います。サポメンは在学中、学生ボランティア団体のリーダーとして助成金申請を経験しているケースが多く、社会人になると「今度は自分が支える番だ」と寄付をしに来てくれるのです（コロナ禍ではパーティーのみ中止）。社会人サポメンに、審査会の司会進行を担っていただいた年もあります。

　また、2018年にボラセンが「ボランティア功労者厚生労働大臣表彰」を受け、その報告も兼ねて「ボランティアの集い」を実施した際も、多くのサポメンが駆けつけてくれました。「サポメンは卒業してからもずっとサポメンだからね」というのがコーディネーターとサポメンの合言葉です。

③サポメンは学生のボランティア仲間づくりの要

　ボラセンの学生スタッフへの期待は大きく、在学中、サポメンはさまざまな活動を行っています。学生数の多い大規模な大学では学生スタッフがボラセンに常駐し、来室する学生の相談に対応しているケースもあります。しかし、本学は学生数2000名台と小規模であるため、サポメンたちはボラセンで待ちの姿勢をとらず、学生が集まる場を企画・運営することに、特に力を入れています。

　まず、2013年11月に「ボランティアの一歩を踏み出せない人が、気軽に話を聞けるようなティータイムをつくりたい」という願いから、「ボラTea」をサポメンが企画し実施。サポメン自身の体験談を語り、ボランティアについて考える交流会を開催しました。その後、主な対象者と時期を考え、新入生のため4月に「新歓ボラTea」を、夏季休暇中にボランティア活動したい人のため6月に「七夕ボラTea」を、それぞれ開催し、継続しています。学内外でボランティア活動を行う聖学院生が新メンバーを募る貴重な機会にもなっていて、ボランティア団体の継続にも一役買っています。

　また、2016年12月、聖学院生のボランティア活動者同士の意見交換と親睦を目的に、半分真面目・半分お楽しみ要素を入れたボランティア団体版の忘年会「ボラ年会」をサポメン主体で実施しました。自分たちでつくった料理を楽しみながら、1年間の活動を振り返っておしゃべりする交流会は参

加者に大好評で、こちらも恒例行事となりました。しかし、残念なことに、新型コロナウイルス感染症の流行により飲食を伴う活動は控えざるをえなくなり、2020年・2021年は開催できませんでした。

　対面活動が難しくなった2020年4月以降も、「新入生の孤立が心配」「学生ボランティア団体の活動を途切れさせたくない」と考えたサポメンは、オンラインツールを活用し、果敢に交流の場の企画・運営に挑戦しました。3回にわたって開催したオンラインでの「新歓ボラTea」は、これまでより参加人数は少なかったものの、1年生がつながって、オンラインを活用したボランティア活動を行う団体を立ち上げるなど、素晴らしい成果がありました。

　2021年6月から一部対面活動が可能になると、「ボランティア活動をしている学生個人の想いを聞き、もっと知り合える場を、少人数でいいので対面中心でつくりたい」という声が上がり、対面とオンラインを組み合わせたハイブリッド形式で「サポメン！ボランティアサロン」を企画し、好評を得て連続開催しています。

　サポメンの提案や、企画に参加した学生の声から、学生は学生との交流、特にボランティア活動をしている学生同士で交流し、ボランティア観を共有したり、仲間と一緒に楽しく活動したりすることを心から求めていることがわかります。そのニーズを把握し、同じ仲間として場づくりを呼びかけたいと願うサポメンは、本学の学生のボランティア活動を応援する要の存在です。コーディネーターは、サポメンが想いを形にできるよう、またメンバーがそれぞれ個性を活かして活躍できるよう、耳を傾け、質問し、情報提供を行い、学外の団体や機関とつなげるなど、サポートしています。

（数井美由紀）

4.2　サポメン！として活動して

4.2-1　私とボランティア

菊池祐太郎（欧米文化学科2015年卒）

　私がボランティア活動を始めたきっかけは東日本大震災でした。宮城県出身でかねてから復興支援に関心はありましたが、参加するきっかけが見つからず、いつの間にか大学2年生になっていました。そんな時、大学主催のスタディツアーのチラシを見つけて応募し、初めて被災地・岩手県釜石市を訪れました。当時の釜石市は震災の爪痕が色濃く残っており、津波の被害にあった街並みを見て衝撃を受けたことを覚えています。そして、「東北のために力になりたい」という使命感に近い感覚をもちました。

　大学に帰ってからは、「復興支援ボランティアチームSAVE」（以下、SAVE）に所属しました。SAVEでは、釜石市の仮設住宅にクリスマスオーナメントを届ける「サンタプロジェクト」や、大学の周辺地域で「防災講座」を実施しました。時には東北・埼玉の力になりたいといった強い気持ちが空回りして、メンバーと軋轢を生んだこともありましたが、活動を続けるなかで徐々にチームにまとまりが生まれ結束が増していきました。もともと私は人付き合いが苦手でコンプレックスを抱えていましたが、ボランティアを通じてどんなことでも話し合える仲間ができたことが非常にうれしかったです。SAVEの活動を通じて微力ながら復興に携わり、さらに自分を前向きに変えることができたと思います。

　自分に変わるきっかけを与えてくれた復興支援・ボランティアを学内で広めたいと思い、大学3年生の7月頃にサポメンに加入しました。当時のサポメンは発足して間もないため、決められた活動がほとんどなく、手探りの状態でした。さらにそれぞれのメンバーがボランティア団体やアルバイトを掛け持ちしており、どうしても集まりが悪くなってしまい、活動したくても

できないジレンマを抱えていました。そんななかでも、合宿を行って話し合う場を設けるなどして、徐々に活動が生まれてきました。例えば、敷居が高いと思われがちなボランティア活動と学生の接点をつくる「ボラTea」。他にも、ボランティアの魅力を楽しくわかりやすく伝えるため、戦隊コスチュームを身に着けて新入生歓迎会や学園祭でちょっとした演劇を披露しました。自分が働きかけたイベントでボランティアに関心をもつ人が一人でも増えたことがうれしく、また、イベント開催までの過程で仲間と交流する時間に充実感を感じ、生き生きと毎日を送ることができていました。

　振り返ると、SAVE・サポメンのいずれの活動でも悩みはありました。そして、どうすれば壁を乗り越えられるかもがいていました。ただ、その壁と向き合ってもよいと思えるほど、ボランティア、引いてはチームで活動することは楽しく充実感がありました。ボランティアに関わった時間は思い出になりました。その思い出は仕事を頑張る原動力に変わっていったと思います。

4.2-2　サポメンの活動から学んだこと

藤川友帆（こども心理学科2016年卒）

　私がサポメンになったきっかけは、まず、所属していたSAVEの先輩方が「サポメン１期生」として活動しており、「どんな活動をしているのだろう？」と興味をもったことです。具体的な活動はわからないなかでも、「サポメンジャー」という戦隊ヒーロー・ヒロインに扮し、新入生歓迎会でボランティアの魅力を発信する姿は印象強く覚えています。私自身、ボランティア団体に所属していたので、「人とのつながりが増えることやたくさんの笑顔に出会えるというボランティアの魅力を伝えたい、多くの人に知ってもらいたい」という思いは強くあり、自然とサポメンに加入した記憶があります。

　サポメンに加入してからは、サポメンの活動を知るきっかけとなった、サポメンジャーでのボランティアの魅力発信、ボランティア未経験の学生にも、

ボランティアを身近に感じてもらえるように、お菓子を食べながらボランティアについて自由に語り合う「ボラTea」などを実施しました。また、サポメンは年に一度合宿をするのですが、新入生歓迎会で発表する資料の写真や動画を撮影したり、普段はなかなか交流できない他の期生のサポメンたちとボランティアについて語り合ったり、とても楽しい合宿でした。

　当時、サポメンでは、「勉強、サークル、遊び、バイトなど、いろいろな経験をしながら学生生活を送るなかで、ボランティア活動も選択肢の一つとして考えてほしい」と学生に伝えていました。私自身、自分たちが取り組む復興支援活動が「本当に求められていることなのか？」と悩んでおり、さらに友人からは「ボランティアは自己満足ではないか」と言われたこともあり、この「（学生生活の多様な）選択肢の一つ」という言葉がすっと心に入ってきて、心が軽くなったように感じました。普段ボランティアをしている学生も、学年も年齢も関係なく対等に活動をつくっていけるのがサポメンです。

　サポメンの活動には、通常のボランティア団体とは違う楽しさや学びがありました。ボランティア活動を広める立場になることで、所属団体の活動についてもいろいろと考えることができ、他のボランティア団体とも活動内容を共有することで、お互いの活動の良いところを知ることや活動に取り組む熱意を感じることができたので、自分たちの活動にも活かすことができて、非常に勉強になりました。

　心に残っている思い出はまだまだたくさんありますが、何度かオープンキャンパスでボランティア活動について紹介したことがあり、その時に来校してくれていた高校生と、教会での小・中・高生に勉強を教えるボランティアに来てくれていた高校生が、私の話や活動を通じて、聖学院大学に入学を決めたのだと知ったときは、驚きとともに本当にうれしく、感極まるものがありました。今でもその後輩たちとのつながりはありますが、サポメンの活動を通して、当初思っていた、「ボランティアの魅力を伝えたい、多くの人に知ってもらいたい」という自分の想いを形にすることができたかなと思います。みんなの〈想い〉を形に変える。そのお手伝いをしてくれるのがサポメンだと思います。

　今あらためて思うことは、私の学生生活の選択肢の一つに「サポメン」があってよかったということです。多くの出会いと、学びに感謝するとともに、サポメンと、サポメンを支えてくださったコーディネーターさん、当時ボランティア活動をする私を応援し、協力してくれた家族に感謝したいと思います。

4.2-3　サポメンとしての大学生活

中川留奈（心理福祉学科 4 年）

　私は、大学に入学してすぐSAVEに所属し、その団体が学園祭で行う企画の実行委員になりました。その時から、ボラセンのコーディネーターさんと関わるようになり、私が中学生の頃にボランティア活動の経験があったことなどをお話ししました。そこで、コーディネーターさんから「サポメン養成講座をやるから時間が合えば参加してみない？」と誘われたことがきっかけで養成講座を受け、いろいろな人と関わるきっかけになればと思い、サポメンになりました。

　サポメンとしては、ただ学生にボランティアを紹介するだけではなく、学内のボランティア団体が集まり新メンバーの募集や交流をする「ボラTea」と呼ばれる場を設けたり、1 年間のボランティア活動を振り返る忘年会「ボラ年会」を開いたりしました。また、これらの真面目にボランティアと向き合うイベントだけではなく、ボラ年会の後にお食事会をして盛り上がったり、私がサポメンに加入したばかりのときは、歓迎会としてサポメンだけでバーベキューに行ったりと、ボランティア活動以外にも楽しいイベントを行いました。2 年生になってからは、新型コロナウイルス感染症の影響によって、対面での活動に制限がかかってしまい、ボランティアやサポメンの活動はもちろん、ちょっとした歓迎会すらも思うようにできなくなってしまいました。しかし、対面で活動ができなくなった後もオンラインでの活動に切り替え、「オンラインボラTea」を開催したり、少しずつ対面での活動ができるようになっ

てからは、対面とオンラインを併用したハイブリッド型で交流サロンを開いたりしました。サロンでは、ボランティア活動をしている学生の話を聞いたり、ボランティア活動を就職活動に活かす方法を先輩から学んだりと、さまざまなボランティアに関わるテーマに取り組みました。

　サポメンの活動を通して考えたのは、「人とのつながりの重要性」です。ありきたりだなと思われるかもしれませんが、1人では1つの企画をつくることもできません。サポメンの仲間や他のボランティア団体の方々、友人、ボラセンのコーディネーターさんそして企画参加者など、多くの人のおかげで自分のやりたい企画を無事に成立させることができます。そのため、サポメンとして活動しているときが大学生活の中で一番、人とのつながりの大切さを学ぶことができた居場所になりました。

　サポメンの活動は、自由度が高くて、自分のやりたいことを形にすることができる居場所、サポメンになっていなかったら関わっていないであろう人たちと関わることができる居場所だと思います。サポメンになったからこその経験、例えば、他のボランティア団体の人との積極的な交流やボランティアを広めるための企画づくりなどがたくさんできたなと感じます。そして、サポメンとしてさまざまな活動・経験をしてきたからこそ大学生活がとても充実したものになったのではないかと思います。

5 ボランティアを応援する具体的な仕組み

　本章では、コーディネーターと学生の個々の関わりを中心に取り上げてきました。ここでは、学生ボランティアを支援する上で実施している、具体的な仕組みについて紹介していきます。学生一人ひとりとの関わりと支援する仕組みが両輪となって、学生ボランティアが活発になっていきます。必要な仕組みをつくっていくこともまた、コーディネーターの役割だと考えています。

①ボランティア・まちづくり活動助成金

　ボランティア活動支援センターが発足した当初は、学生の活動を金銭面で支える仕組みがなく、学生たちはアルバイトで稼いだお金を交通費や消耗品の購入に充てて活動していました。時には外部の助成金にチャレンジする学生もいましたが、金額も大きいことから学生が企画する活動の規模感と合わないこともあり、なかなか採択されないという課題もありました。

　このような状況をみて、学生たちの活動の規模感に合わせた助成制度をボラセンが主体となって設置する必要性があると判断し、2015年度に設置したのが「ボランティア活動助成金」（2017年度より「ボランティア・まちづくり活動助成金」）です。本学卒業生が応援する仕組みにしたいと考え、大学同窓会に相談をしたところ、快く年30万円の助成金を支援していただくことになりました。さらに、この助成金事業をきっかけに学生たちが、卒業生、教職員、地域の方々とつながり、活動がさらに発展していくことを願い、審査会を公開し、同窓会の助成金に加えて、学生の活動を個々人が直接応援できる仕組みとして「ドネーションパーティー」を導入しました。この結果、学生たちは日頃からいろいろな方に自分たちの活動を応援してもらっているという実感をもつとともに、審査会で新たなつながりを得て活動の充実にもつながっています。

②聖学院大学復興支援ボランティア交通費補助金

　同じく2015年度に「聖学院大学復興支援ボランティア交通費補助金」を設立し、東日本大震災で被災した３県（岩手県、福島県、宮城県）で活動を行う際の交通費の補助を開始しました。この時期、大学主催の復興支援ボランティアスタディツアーに参加していた学生たちが、個人的につながりをもって東北で活動するようになり、そのような学生たちの経済的負担を軽減したいとの思いから、この補助金が創設されました。菅野雄大さん（第Ⅱ章2-4）が仲間を募って地元宮城県仙台市での復興支援活動の企画を行うようになったタイミングと創設時期が重なったこともあり、大いに活用されることになりました。さらに、この補助金を活用した東北でのゼミ合宿や陸上競

技部の「キッズかけっこ教室」（第Ⅲ章3-1）も行われるようになり、当補助金は学生の活動を広げる力となっています。

③夏の"ちょっと"ボランティア紹介キャンペーン

　2012年4月にボランティア活動支援センターが設立され、最初の企画として、各地で募集される夏のボランティア体験プログラムをまとめて紹介するキャンペーンを行いました。各市町村のボランティアセンター等で行われているこのようなプログラムは、募集内容、応募方法が統一されていないうえ、学生たちが直接情報にたどり着くのが困難という課題がありました。そこで、各市町村の情報を子ども、高齢者、環境などといった分野別のリストに整理して発信することにしました。また、気軽に半日、1日から活動できる内容をメインにして、学業のほかに部・同好会活動、アルバイトで忙しくしていても活動に参加できることもアピールしました。ボラセンが開設されて初めての取り組みだったので、どれだけの学生が来室してくれるか不安でしたが、初年度は67名の学生が来室し、うち36名が活動に参加しました。夏こそボランティア活動をしたいという学生や、夏であれば時間がつくれるという学生たちにこのキャンペーンは好評で、今も続いています。

④ボラフェス！

　ボラセンの前身であるボランティア部会（学生ボランティアセンター）の時から、「多くの学生にボランティアを身近に感じてもらい、活動先との出会いの場になるように」との目的で、ボランティア活動受入れ先の方々を大学にお招きして、直接学生と話ができるイベントを開催してきました。現在では、大学学園祭の中で「ボラフェス！」と銘打ったコーナーを立ち上げ、ボランティア受入れ団体（福祉施設やNPO法人等）の取り組みを紹介していただくとともに、団体でつくっている商品の販売を行う機会として、活用していただいています。参加団体には、ボランティアがきっかけで就職した卒業生等もおり、団体と学生の出会いの場が現在も続いています。

（芦澤弘子）

■コラム■　外からみた聖学院大学ボランティア＆ボラセン―①

「面白さ」のちょい足し

和田更沙（元明治大学和泉ボランティアセンター）

　「大学が、学生が、職員が違うとこんなに違うの？！」と度肝を抜かれたことが、今でも忘れられません。聖学院大学で開かれた研究集会で、○×戦隊さながらのレンジャースーツに身を包んだ学生スタッフと、サザエさん頭の職員が登場したときのことでした。他にも、「ボランティア・まちづくり活動助成金審査会」と併せて「ドネーションパーティー」（本章5節参照）を開いたり、広報に魚の「ボラ」を使ってみたり。「ボランティアを気軽に」というのはコーディネーションに関わる人たちの共通の思いであり悩みでもありますが、聖学院大学の皆さんは、それらを「面白く」、でも「誠実に」実現するのがとても上手だなと感心させられることばかりです。

▲本学のボランティア活動の勢いを表現した"ボラ"ポスター。（聖学院大学創立30周年を記念して、2018年に創作された。）

　大学ボランティアセンターの活動は、学生が毎年入れ替わるので、同じ活動を繰り返していればうまくいくというわけではありません。特にこの10年は、さまざまな震災に加え、コロナウイルスによって大学生活自体が大きく変化する事態にもなりました。そんななかでも、いち早くオンラインを活用して保育園の子ども向けに活動をするなど試行錯誤を続けながら、やはり「面白い」活動を学生と職員の皆さんが模索されている姿には、いつもアイディアと刺激と、格別の元気をいただいてきました。

　私はこの仕事をしながら、ボランティア活動に関わった学生の卒業後の姿をとても楽しみにしています。それは、社会の課題や現場を知った一人ひとりが、いつかどこかで、何かしらの解決に向けて動いてくれる、その力や可能性を信じているからです。聖学院大学のボラセンに関わった学生たちが、いつかどこかでその「面白さ」を存分に発揮してくれることに、これからも期待しています。

■コラム■　外からみた聖学院大学ボランティア＆ボラセン─②

そのままで終わらせないように

宮腰義仁（日本財団ボランティアセンター）

　日本財団ボランティアセンター（以下、日本財団ボラセン）*は2018年度から聖学院大学の正規科目「ボランティア体験の言語化技法と実践」の開講に協力しています。ボランティアをして終わりではなく、自身の経験を振り返って自分なりの価値を見いだし、活動に取り組む社会課題までも見据え、文章執筆やプレゼンテーションを行っていく学びの時間を、学生たちと一緒につくっています。

　私が出会うのは、科目の履修生や日本財団ボラセンの行うボランティアやセミナーなどに参加してくれた学生のみです。ただし、授業や活動の現場では、自分史を語り、未来への志向をのぞかせる学生もいます。共通しているのは、前時代的な価値観にとらわれておらず、「こうあらねばならない」という固定概念から比較的自由であるという印象です。おおらか、やわらかい、とも表現できます。

　これは、学んでいる学問はもちろんのこと、ボランティア活動支援センターのつくる安心できる空気感が、学生たちに影響を与えているのだと感じます。あたたかい場づくりを常に意識してコーディネートをし、同じ目線で考え、活動する。絶対に置いてけぼりにせず、近くにいると少しほっこりする。私の目にはセンターはそう映っています。

　聖学院大学の現役学生のみならず卒業生とも、キャンパス内外において、やさしい社会を共につくっていきたいと願っています。これからも日本に新しいボランティアカルチャーをつくるべく、聖学院大学に関わる皆さまと協力していくことができれば幸いです。

　　＊：日本財団ボランティアセンターについて
　　　　2010年の設立時より、次世代を担う人材の育成を目的として学生ボランティアを支援してきました。2022年度からは幅広い世代に対象を拡大して事業を実施しています。公式サイト「ぼ活！」をご覧ください。

第Ⅱ章
学生ボランティアの可能性

　近年、大学生にとってボランティア活動は学生生活の選択肢の一つとして定着しつつあります。聖学院大学の新入生アンケートの結果では、新入生の約6割が大学生活で取り組みたいものの一つにボランティア活動をあげています。では、大学生はなぜ、ボランティア活動に取り組むのでしょうか。彼らにとって、ボランティア活動をすることは、どのような意味があるのでしょうか。本章では、活動者である学生にとってのボランティア活動の意味と支援のあり方について、聖学院大学のボランティア実践者の声とその活動に寄り添うコーディネーターの視点から考えていきたいと思います。

1 | 学生はボランティアを通して成長する？

1.1　自分のためのボランティア？

（1）学生ボランティアの動機

　はじめに、大学生のボランティア活動を始める理由・動機について触れていきたいと思います。公益財団法人日本財団学生ボランティアセンター（現日本財団ボランティアセンター）が、2017年に大学生1万人を対象に行ったアンケートでは、「ボランティア活動を始めた最大のきっかけ」として、「団体や知人との関係性」30.4％、「自己実現・自分自身のため」27.5％、「その団体への共感」21.1％、「社会貢献の意識」8.2％となっていました。このアンケートでは本人の動機ではなく、直接的なきっかけを尋ねているため、本人の内面の動機面をみていくと、「自己実現・自分自身のため」という利己的な動機が27.5％と高いことがわかります。逆に「社会貢献への意識」は8.2％と低く、本来ボランティアの原則とされる社会性や利他的な動機が必ずしも

高いとはいえません。

　さらに詳細なきっかけをみていくと、「自己実現・自分自身のため」では、「自分に合ったボランティアだと思ったから」13.5％、「達成感や満足感が得られそうだったから」5.7％、「学校の成績や就職活動に有利だから」4.8％等となっており、「社会貢献の意識」では、「社会の問題解決に関わりたかったから」4.2％、「社会に恩返ししたかったから」2.2％となっています。この一見すると「自分のためのボランティア」ともいえる動機は、他の世代よりも大学生をはじめとした若い世代の方が、割合が高い傾向にあります。

　本章2節には卒業生による学生時代の活動報告を掲載しています。それぞれ、その学年を象徴するような活躍をした学生たちですが、彼らのボランティア活動に参加したきっかけをみても、「自分が東日本大震災で被災した」（2-4：菅野）、「身内が被災したから」（2-2：姫野）、といった切実な思いから活動をスタートさせた学生がいる一方、「友人からの誘いで」（2-10：長嶋）、「高校の先生に声をかけられて」（2-1：金子）のように、強い動機があったというよりはやや受動的に活動をスタートさせた学生、さらには、「大学生らしい活動がしてみたい」（2-12：吉田）、「日本人の友達をつくって、日本語を

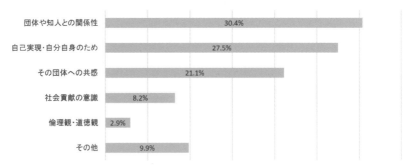

図表2-1　学生ボランティアが活動を始めた最大のきっかけ

■この1年間でボランティア活動をした学生が、その活動を始めた契機（選択式、n＝2,709）

出典：日本財団学生ボランティアセンター「全国学生1万人アンケート——ボランティアに関する意識調査2017」、p.13より。[1]

図表 2-2　学生ボランティアが活動を始めた最大のきっかけ（詳細）

■この1年間でボランティア活動をした学生が、その活動を始めた契機（選択式、n＝2,709）

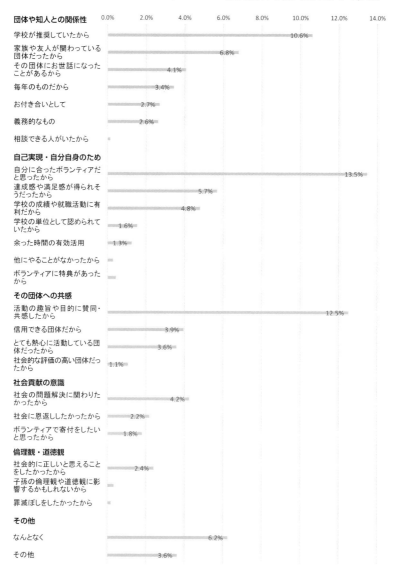

出典：日本財団学生ボランティアセンター「全国学生1万人アンケート──ボランティアに関する意識調査2017」、p.17より。[2]

練習したかった」(2-5：カイ)、「ドラマの撮影地に行きたい」(2-3：伊藤)といった「自分のためのボランティア？」と思えるような動機で活動をスタートさせた学生もいました。以上のように大学生がボランティア活動を始める動機には、多様性があることがわかります。

(2)　ボランティア活動を通した活動者自身への影響

　「ボランティアとは他者や社会のための活動なのでは？」という疑問はいったん横に置いておき、まずはボランティア活動が本当に「自己実現・自分自身のため」につながるのかについて考えていきたいと思います。

　この点については、国の政策においても「ボランティアを通した成長や自己実現」が注目されてきました。文部科学省（当時：文部省）が1992年に出した生涯学習審議会答申「今後の社会の動向に対応した生涯学習の振興方策について」[3]では、「ボランティア活動の支援・推進」が取り上げられ、生涯学習とボランティア活動の関連について、

① 「ボランティア活動そのものが自己開発、自己実現につながる生涯学習となるという視点」

② 「ボランティア活動を行うために必要な知識・技術を習得するための学習として生涯学習があり、学習の成果を生かし、深める実践としてボランティア活動があるという視点」

③ 「人々の生涯学習を支援するボランティア活動によって、生涯学習の振興が一層図られるという視点」

という視点が示されており、ボランティア活動による教育効果や自己実現についての認識が広く共有されました。結果として教育分野におけるボランティア活動が積極的に推進されてきた経緯があり、現在の大学における学生ボランティア支援の動きにもつながっています。

　また、長年民間の立場でボランティア推進を行ってきた大阪ボランティア協会の岡村栄一は、ボランティア活動の役割の一つとして、「活動を通じて、活動しているボランティア自身の経験や学習の幅を広げ、自分が社会的な価値や役

割をもっていることを自覚させる役割がある」[4] としており、ボランティア活動を通した活動者自身への影響について指摘をしています。学生ボランティアにおける研究においても、阪神・淡路大震災以降、ボランティア活動を通した学生への教育効果について、さまざまな結果が報告されています。ここではさらに、活動者への影響、特に具体的な教育効果について整理してみたいと思います。

①社会的スキルや自己肯定感の向上

　ボランティア活動の分野や内容は多岐にわたりますが、その多くが人との関わりの中で実施していくものがほとんどです。当然、活動者同士の話し合いを通して活動を展開していくことになり、コミュニケーションスキルも磨かれていくことになります。また、活動内容を外部で発表する機会や助成金を獲得するための発表等、プレゼンテーションスキルの向上にもつながります。近年のコロナ禍においては、オンラインツールを活用したミーティングや活動も増えており、結果的にオンラインツールに関するスキルの向上にもつながっています。

　聖学院大学で学生ボランティアに取り組む学生に行った調査からも、リーダー層の学生たちは、団体運営やフォロアーとの関わり方等の葛藤を通して、「リーダーシップ」への学びが深まっていたことがわかっています。また、活動を通して得た感謝の言葉や、自分たちの思いを実現し誰かの喜びにつながったという実感が、自分自身への「自信」や「自己肯定感の向上」につながっているとの結果も報告されています。

　２節の報告でも、「相手に伝える・発信することの難しさや素晴らしさを感じることができました」（2-3：伊藤）や「大学時代に培った経験を生かし（中略）利用者が心から楽しいと思える企画を考え実施することができている」（2-7：楢原）等、自分自身のボランティア経験を通して学び、成長する姿をいきいきと報告してくれています。

②専門的学習への意識の向上

　ボランティア活動は本人が「やりたい」と思えることが活動のスタートに

なります。そのため、本人の興味・関心がそのまま活動に直結することも多くあります。2節の報告にあるように、「卒業後保育士を志望していた私は、子どもたちと触れ合う企画にとても魅力を感じていた」(2-7：楢原)学生は、子どもとの関わりをもつボランティア団体に関わっています。このように学生にとって大学での専門的な学習とボランティアの活動先の関連性を見いだすことができます。特に聖学院大学では、教育・福祉・心理・保育・まちづくり等を専門に学ぶ学科があり、関連したボランティア活動も充実しています。

　保育について専門に学んでいる学生は、ボランティア活動における子どもたちとの関わりが、大学で学んだ保育の知識や技術を実践する機会にもなります。同時に、その関わりの中で、新たな発見と疑問をもつことにもなります。自分の未熟さを痛感させられる機会もあるかもしれません。しかし、そのような経験が「さらに知識を増やし・技術を磨きたい」との思いにつながり、大学での専門的な学びへのモチベーションにもつながると考えられます。2節の「造形教育論ゼミの学生が中心となり活動している『どこでも絵本プロジェクト』」(2-11：佐藤)報告もまさにこのような、専門的学習とボランティアが融合した活動だといえます。

　もちろん、保育なら子ども、福祉なら障がいのある方等、単純な結びつきだけでなく、復興支援活動を通して、「支援とは何か？」「まちが発展するとはどういうことか？」「そもそも人間が生きていくとはどういうことか？」等、活動を通して深く問うことのできる経験をすることも、大学での学習意欲につながっていくと考えられます。

③市民性の涵養

　先ほども紹介した、大阪ボランティア協会の岡村栄一はボランティアの役割の一つとして「ボランティア活動は地域の小さな声を大事にし、連帯の輪を広げ、地の塩となる意味で、民主主義や市民社会創造の基本的な役割を果たしている」[5]ことを指摘しています。ボランティアは、人の困りごとへの支えや、社会の課題の解決に向けて活動をしていくことになりますが、活動を通して他者の困りごとや社会の課題が、「他人ごと」ではなく自分の生活

や日常と地続きである「自分ごと」でもあることに気づいていくことになります。社会の構成員であり、その社会を変えていく主体者でもある自分自身に気づき、行動していけるようになることもボランティア活動の重要な意味だといえます。そのため、「自分のために」始めたボランティア活動だったとしても、活動を通して結果的に「他者や社会のため」になっていたり、そのような姿勢や考え方が身につくことにもつながると考えられています。

　2節の報告からも、「（ボランティアを通して）感じたのは、地域の人の役に立てる仕事に就こうという思いでした。入学当初は、スーパーマーケットに就職しようとは全く考えていませんでした。しかし、ボランティアを始めたことで、私は地域の人に支えられていたことに気づかされました」（2-12：吉田）のように、活動を通して一人の市民としての気づきがあったことがわかります。

（3）活動を通したステージの変化

　活動を通して多様な学びや成長があることはわかってきましたが、単に活動に一度参加しただけで多くの学びを得られるわけではありません。そもそも、自発性が原則とされているボランティア活動ですが、学生のボランティア活動へのきっかけをみると、前述したように受動的なかたちで活動をスタートさせた学生もいることがわかります。また、活動を始めたとしても、最初は活動経験者の指示のもと決められた内容に取り組むことも多くあります。むしろ、「（ボランティア活動を通して）主体性をもって自分から行動するという力を習得できました」（2-6：高橋）とあるように、活動を続けていくなかで、徐々にその役割を変化させ、受動的な姿勢から能動的な姿勢に変化していくのではないかと考えられます。また、活動への関わり方の変化に応じて学びや成長への影響も変化していくと考えられます。そこで、聖学院大学の学生たちの活動への関わりを分類し、ボランティア活動のステージについて図表 2‐3 のように整理しました。

図表 2 - 3　ボランティア活動のステージ

①活動前のステージ	活動を始める前には受動的な姿勢である方が多いです。
②ボランティア活動への参加（多様な参加動機）のステージ	ボランティア活動を始める一歩にはさまざまなきっかけがあることは、図表 2 - 1 ・図表 2 - 2 の結果からも読み取れます。
③指示されたことを行う受け身の活動ステージ	ボランティア活動に関わるとしても、そこには多様な関わり方があります。初めての参加者の場合、すでに実施内容が決まっているプログラムへ参加することがほとんどです。例えば、指導者や活動経験者が事前につくったプログラムや当日の細かい指示を受けて活動する等、対象者との関わりや自分自身の行動の工夫の余地はあるものの、活動の枠組みとしてはすでに決まっています。自発的に「参加」はしたものの、誰かの指示のもとに行動するという意味では、受動的な立場でもあるといえます。
④活動からの学びを糧に既存の活動を修正・運営するステージ	活動に参加してみての気づきや葛藤の中での学びを受け、自分なりの活動のあり方を考え、従来のプログラムに対する改善や修正を加えるようになっていきます。具体的な関わり方としては、一参加者から、プログラムをつくり運営する側へと変化していくステージです。指示を受けて行動する立場から、自分たちで考え行動し、他者に対して指示をする側に回ることにもなります。このステージに至ると、自発性がかなりのレベルで発揮されており、自分で考え自分で行動していく積極的な姿勢になっていると考えられます。
⑤自ら課題を発見しその解決に向けて活動を生み出すステージ	1 つのプログラムに対して自分たちで作り上げ運営する立場を経験すると、活動を自ら創出する困難さとともに、その魅力に気づくことになります。同時に、そのプログラム自体は大きな枠組みが定まっており、その枠組みの中での工夫であることに気づきます。そこまでの活動で満足する学生も一定層存在しますが、中には次なるステージとして、自ら新たな課題設定を行い、これまでの枠組みを超え、新しい活動やプロジェクトを創造する学生もいます。それは、何もないところから課題を発見し、その解決に向けて具体的なアクションプランを立て、実際に活動を展開するという取り組みになります。その過程においては、自分一人だけでは達成できないことも存在するため、仲間や教職員や現地の支援者の力を借り、プロジェクトを形成していくことになります。それらのプロジェクトが継続化することで、新しい団体として立ち上げることもあります。

⑥自分自身の軸を定め、自分自身の人生を歩むステージ	ここまでの活動を経るなかで、学生たちの中で「自分が本当にやりたいこと」「これからの生き方で大切にしたいこと」等、自分なりのこれからの生き方に関わる軸を発見していくことになります。それは、単に目の前のボランティア活動に対する取り組み方にとどまらず、卒業後の進路決定などにも影響を与えることになります。また、このステージになると、他者から指示を受けた内容についても、自分なりに解釈を行い、指示の中から自分なりの課題を設定し自ら新しい活動を展開していく等の創造性の発揮にもつながると考えられます。 　2節の報告者たちはボランティア活動を通して自分自身の軸を見つけ進路を選択していった方々ですが、報告の中にも、「子どもや親、障がい者や高齢者などさまざまな方が笑顔で生活できる社会が、私の最も理想とする社会だと気づくことができた」（2-10：長嶋）、「地域の人の役に立てる仕事に就く」（2-12：吉田）などの言葉で、自分たちの軸を表現してくれています。

1.2　ボランティアを通した学びと成長はなぜ起きるのか？

　ここまで、ボランティア活動を通した学生の学びと成長の可能性について考えてきました。活動を通して、社会的スキル、自己肯定感の向上、専門的学習への意識の向上、市民性の涵養につながる可能性があることや、たとえ受動的な姿勢からのスタートだったとしても、より能動的な姿勢に変化していく可能性があることがわかりました。では、そのような変化はなぜ起きるのでしょうか。その理由についても考えていきたいと思います。

（1）活動を通した社会課題の実感

　1つ目は、活動を通して切実な社会の課題に出会うことによる変化です。ボランティア活動は他者への支えや社会の課題に対する活動です。そのため、活動を通して困りごとを抱えている個人との出会いや、社会の問題点を目の当たりにすることになります。例えば、2011年3月11日に起きた東日本大震災は、その地震による直接的な被害以上に、岩手・宮城・福島の東北3県を中心とした太平洋沿岸地域に押し寄せた津波による被害が甚大なもので

した。学生ボランティアは、被災地に赴くことで、これまでテレビ等でしか知らなかった被害の実態を目の当たりにして衝撃を受けます。その経験を通して、「何かしなければ」との使命感が芽生え、より積極的に活動に関わり始める学生がいます。

　この「使命感」は、単純に「楽しそう」「関心がある」から「やってみたい」という意欲や欲求による自発性とは違う特徴があります。社会の問題点を直視し、その理不尽さを実感したとき、「（気持ちとしては）つらいのでやりたくない、でもやらなければならない」という理性的判断と意志によって活動に取り組んでいく学生もいます。

（2）振り返り（リフレクション）の機会

　2つ目は振り返り（リフレクション）を通した、気づきや学びによる変化です。第Ⅰ章の「ボランティアコーディネーターの基本的役割と専門性」でも触れましたが、ボランティア活動を本人の気づきや学びに落とし込んでいくためには、振り返りを行うことが重要です。聖学院大学のボランティア活動では、通常の活動紹介以外にも、「復興支援ボランティアスタディツアー」（以下、スタディツアー）を実施してきました。2020年度以降コロナ禍で開催できていませんが、スタディツアーとあるように学生自身の学びの側面も重視されたプログラム構成となっていました。2泊3日ないし3泊4日のプログラムの行程中、現地で参加者同士の話し合いを通して振り返る時間が2時間ほどあり、現地から帰るバスの中では一人ずつスタディツアー中の体験を振り返り、「そこで何を学んだか」「その学びをどう自分の実践につなげるか」について発表を行う時間が確保されています。さらに活動終了後には活動を振り返るレポートの提出が求められています。企画を行ったリーダー層に対しては、活動終了後にリーダーのみで活動を振り返る時間が確保されており、ボランティアコーディネーター（以下、コーディネーター）に個別に感想や反省点について相談を行う環境も整っています。

　活動を体験で終わらせず、振り返る時間をもつことで、活動の意味や活動

の成果の実感、さらには自分の果たした役割に対する充実感や今後の改善点等、次のステップにもつなげていくことができます。活動と振り返りをセットにすることで、ボランティア活動を通した学びと成長の循環が起きると考えられます。

(3) ロールモデルの発見

　3つ目はロールモデルの発見です。ボランティア活動の大きな魅力の一つは、人との「出会い」であるといわれています。2節の報告では、「高校時代の（ボランティア活動の）いつメンの中の一人が妻となった」(2-1：金子)といった事例もありますが、ここでは「聖学院大学でボランティアをし、出会った人々と経験は一生分の宝物」(2-2：姫野)とあるような、学生の成長や変化につながった出会いについて考えたいと思います。ロールモデルとは、自分自身の人生においてポジティブ・ネガティブ両面において影響を受ける他者として捉えることができます。活動を通して、自分の目標となるような人物に出会えることで、その人物（ロールモデル）を通して具体的な能力・姿勢等に落とし込まれ、自分自身の学びと成長につながっていきます。

　活動を通して、同じボランティア団体の先輩の姿に憧れ目標にする。活動先の人物（支援団体・受入団体）の生きざまに憧れ、いつか自分もそのような生き方をしてみたいと考え、少しでも近づこうとする。身近な支援者の姿勢に助けられた実感から、自分もそのような支援者になりたいと考える。というように、ボランティア活動を通した出会いの中で自分の目標となる人物（ロールモデル）に出会えると、そこから大きく変化・成長する可能性があります。

(4) 活動を通した承認

　4つ目は活動を通した他者や社会からの評価です。他者や社会のために無償で何かに取り組むボランティア活動は、活動の直接的な対象者からの感謝だけでなく、周辺の人間や社会からの評価を得られやすいという特徴があります。聖学院大学でも、コロナ禍以前においては被災地のボランティア活

動を行うことで、テレビや新聞等メディアから取材を受け、社会的評価を実感する学生がいました。本章3節の座談会において「ボランティアに関わることで自分自身が周囲から認められるようになりました。たくさんの方に褒めていただいて、自信をつけることができた時間にもなりました。成功体験を積みやすい環境をボラセンがサポートしてくれたのも大きいです」（菊池）とのコメントがあるように、活動を通して周囲から認められ、そのことで自分に自信をもってさらなるチャレンジを行っていくという好循環が生まれていたことがわかります。

（5）ボランティアに含まれている二面性の構造と必然的葛藤

　5つ目はボランティアがもっている二面性の構造とその二面性から必然的に生じる葛藤です。ボランティアとは何かを考えるとき、「自発性」「社会性」「無償性」というボランティアの3原則と呼ばれる特徴があげられます。しかし、これらの原則は実は時代とともにそのあり方が揺らいできました。それだけではなく、そもそもこの原則は二面性をはらんだものだと考えられます。

　まず「自発性」の二面性について考えてみたいと思います。本書でも触れてきましたが、自らの意志で取り組むのがボランティア活動だとされていますが、実際の学生の活動のきっかけをみると、友人や先生からの声がけなど、受動的な理由で活動に関わり始めることもあるのが現実です。また、そもそもボランティア活動は、「活動をしたい人」だけでは成立しておらず、活動を求める人や社会からの要請を前提にしています。そういう意味では、活動自体求められなければ始められないという受動的要因によって成立していることがわかります。「社会性」の二面性においても、「自己実現・自分自身のため」に活動を始める学生が多いことを紹介しましたが、本来「他者や社会のための活動」とされているボランティア活動に、自分の成長や自己実現のために参加するという二面性が存在しています。さらに「無償性」の二面性については、「有償ボランティア」という言葉が存在しており、そもそもの原則自体も揺らいでいます。

　これら二面性を抱えたボランティア活動に関わると、必然的に葛藤を抱えることになります。しかし、この二面性と葛藤があるからこそ学生の成長にもつながると考えられます。例えば、社会性で考えた場合、自分のために活動を始めた場合、困りごとを抱えている人を目の前にしたときに自分のためのボランティアでいいのかを問われます。また、他者のために役立つことを目指して始めたとしても、活動を通して自分自身が多くのものを与えられていることに気づくでしょう。これらの葛藤を抱えつつ活動を継続することで結果的に、「自分のためであり、かつ他者のためでもある」「他者のために行うことが、結果自分のためにもなる」等、新しい視点を獲得していくことにもつながっていきます。

　3節の座談会でも活動を通して学生たちが多くの葛藤を抱えていたこと、またその葛藤を克服するなかで成長していった様子が語られています。もちろん、全てがボランティアだけの二面性や葛藤ということではありませんが、ボランティアの特性ゆえに葛藤する機会が多く、その分、その葛藤を乗り越えたときに大きく成長をしていくのだと考えられます。

1.3　学生の成長を促すボランティアコーディネーターの関わり

　ここまで、ボランティア活動を通した学生の成長と成長につながる要因について触れてきました。第Ⅰ章でも触れたとおり、大学におけるボランティア支援の目的の一つは、学生の学びや成長といった教育効果にあります。ここまで触れてきたボランティア活動を通した成長の可能性は、活動をすれば等しく誰にでも起こるものではありません。出会いなどの偶然の要素もありますが、適切な支援を受けることで、より良い学びや成長につながっていきます。聖学院大学ボランティア活動支援センター（以下、ボラセン）では、これらの学びと成長に向けた支援として、以下のような視点をもって関わっています。第Ⅰ章のコーディネーターの視点とも重なる部分がありますが、「学生の成長を促す関わり」としてあらためて紹介します。

（1）学生の趣味・特技・夢を生かし新しい活動を生み出すコーディネート

　聖学院大学のコーディネーターが学生に活動を紹介する際、以下のような視点から相談に来た学生一人ひとりに合った活動を探っていくことになります。

　①関心があることやりたいことは何か？（例：好きなことや趣味）

　②できることは何か？（例：所属している部活や特技）

　③どのような進路や生き方を望んでいるか？（例：希望する進路や将来の夢）

　これら３つの視点をとことん掘り下げながら、地域側の課題やボランティア募集の情報とつなげていくことになります。①②の「趣味や特技」だけであればすぐに聞き出すこともできますが、③の「進路や生き方」については出会った直後ではみえないことも多いため、初回の相談では活動を紹介せず、学生のことを丁寧に知ることに専念することもしばしばです。

　２節の報告でも、学生の趣味・特技を生かしたコーディネーションとして「ダンスを活かして子どもたちとつながれるようなボランティアをやりたい」（2-8：福澤）という学生の思いを受け止め、その場ではつなぎ先がなくとも地域のニーズを掘り起こし、「さいたま市立日進公民館からご依頼をいただいたときは心の中でガッツポーズをしました」(2-8：コーディネーター芦澤)との事例があります。また、学生の夢が活動につながったコーディネーションとして、相談を通して「警察官志望だった」（2-12：吉田）ことを把握していたコーディネーターは、埼玉県警察から防犯パトロールを担う学生ボランティア団体立ち上げの相談をもちかけられた際、「県警の方から防犯に関するお話を聞かせていただく場を設けました。お話を受けて、学生たちのやる気に火がつき、吉田さんを中心にボランティア団体発足」(2-12：コーディネーター丸山)につながった事例があります。

　一人ひとりやりたいこと・やれることが違うように、一人ひとりに合ったボランティアが存在しています。すぐに活動が見つからなくてもボランティアには新たに生み出す（創造性）という選択もあります。学生一人ひとりの「やりたいこと」「できること」「夢」は何だろうか？　そのようなことを一緒に考えながら、ボランティアを通して、一歩「夢」の実現に近づいてもら

いたいと願っています。

（2） 二面性をはらんだボランティアの葛藤を受け止める関わり

　ボランティアを通した成長の要因の5つ目として、「ボランティアに含まれている二面性の構造と必然的葛藤」があることに触れましたが、そのことを踏まえた上で、聖学院大学のボラセンでは、コーディネーターの関わりについて次のように考えています。

　自発性と受動性の二面性に関わる支援において、コーディネーターはまず、学生がどの段階にあるのかを丁寧に見極めます。学生一人ひとり個性がありますが、特に学生の「意欲」と「実行力」を見極めることで、関わり方を変化させています。その関わりを4つに分類すると図表2-4のようになります。

　また、もう一つの視点として、長年にわたり参加の場のつくり方を研究し、実践している西川正が指摘したのが、「工夫する力」と活動時の「工夫の余地」を調整することです。

　この視点をもとに、「工夫する力」「工夫の余地」とコーディネーターの役割について考えてみると、学生の工夫する力（実行力の一部）が乏しい場合、工夫する余地が大きすぎると「何をしてよいかわからない」というCの領域に陥ることになります。この場合、コーディネーターとして、その力に合わせた、ある程度枠組みの定まったボランティア活動を紹介するなどの支援が必要となります。逆に工夫する力（実行力）が高い学生にとって、定められた範囲での活動に制限されることは、Aの領域のように窮屈に感じるようになります。このような学生には、より自由に取り組めるようなサポートが必要になると考えられます。以上のように、コーディネーターは学生の実行力の中で重要な工夫する力を見極めた上で、そのステージに合った活動が展開できるようコーディネートすることが求められていると考えられます。

　社会性と利己性の二面性、すなわち「他者や社会のための活動」と「自分の成長や自己実現のための活動」の二面性に対する支援では、学生がボランティアに臨む姿勢について、「ボランティアはこうあるべき」といった価値

図表 2－4　学生の実行力と意欲に対するコーディネーターの関わり

		学生の実行力	
		高い	低い
学生の意欲	高い	リスクマネジメント 進捗の確認 学生が担えない部分のフォロー	リスクマネジメント ステージごとのタスク提示＆進捗確認 具体的な実行内容についての提示
	低い	関心の掘り下げ 本人の関心のある活動の提案 本人が行動するまで待つ	活動への啓発

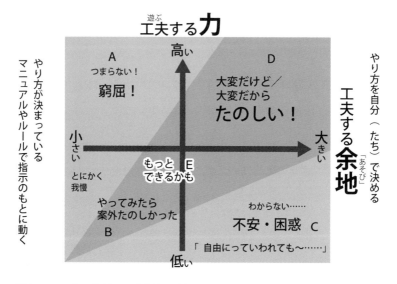

図表 2－5　ちょうどいい「余地」があることが遊ぶ（やってみる）を発生させる
出典：西川「ボランティアコーディネートのチカラワザを磨く！」、7頁より。[6]

評価を行わず、「いったん受け止める」ことを大切にしています。これは第Ⅰ章でも紹介した、「コーディネーターの価値を押し付けない」ことともつながります。このようなコーディネーターの姿勢が、一般的には正当だとみなされる利他的な動機だけでなく、自分の成長のためやその他の利己的な理由での活動のスタートも受け入れる素地となっていると考えています。多様

な動機を受け止めつつ、学生が活動を継続するなかで、研修や振り返りの機会をつくり、ボランティアのもつ社会性についての気づきや他者のための活動であっても自分自身の成長の糧になっていることがあることにも気づいていけるように関わるようにしています。

（3）教育的支援に関する理論的背景

　通常、大学ボランティアセンターが支援を行うボランティア活動は、授業や単位とは関係のない正課外の学生活動です。しかし、ここまでみてきたように、学生はボランティア活動を通して多くのことを学び・成長していきます。その学びに寄り添うコーディネーターには、学びを促し支える役割があることは間違いありません。しかし、いわゆる講義による授業ではない学びの場であるボランティア活動の支援において、どのような教育的理論を適応することができるのでしょうか。

　聖学院大学のボラセンでは、ブラジルの教育者であるパウロ・フレイレ（Paulo Freire, 1921-1997）の教育理論にそのヒントがあると考えています。フレイレは1960年代に生涯学習研究の中で、特に人権・解放に関わる教育理論を構築し、現代においても大きな影響与えています。フレイレの提示している代表的な概念である「課題提起型教育」において重視される【双方向のコミュニケーション】【教育する側とされる側は対等な関係】【教育する側は単に教育するだけでなく、教育される者との対話を通じて自らが教育しながら教育される】【お互いが主体となるやり方であり、成長の経験となる】等の要素は、コーディネーターの基本的な姿勢と共通しています。また同じくフレイレの代表的な概念である「対話的教育」につながる視点として、【省察の重視】【対話の前提としての愛、謙虚さ、人間への信頼】についても、コーディネーターの実践と共通するものではないかと考えています。

　注
　1）公益財団法人日本財団学生ボランティアセンター（Gakuvo）、「全国学生1万人

アンケート──ボランティアに関する意識調査2017」（2017.09.01）。<https://www.volacen.jp/pdf/2017-student10000fulldate.pdf>（2022/08/20アクセス確認）を参照。

2）同上。

3）<https://warp.da.ndl.go.jp/info:ndljp/pid/8701486/www.mext.go.jp/b_menu/hakusho/nc/t19920803001/t19920803001.html>（2022/08/20アクセス確認）を参照。

4）岡本榮一「ボランティア＝自ら選択するもう一つの生き方」、岡本榮一・菅井直也・妻鹿ふみ子編『学生のためのボランティア論』大阪ボランティア協会出版部、2006年、15頁。

5）岡本「ボランティア＝自ら選択するもう一つの生き方」、15頁。

6）西川正「ボランティアコーディネートのチカラワザを磨く！」、『ボランティア情報』No. 518、全国社会福祉協議会／全国ボランティア・市民活動振興センター、2020年。

2 ｜ 学生ボランティアの実際とコーディネーターの関わり

　本節では、聖学院大学卒業生による学生時代のボランティア実践報告として、「取り組んだボランティア活動の紹介」「ボランティアを始めたきっかけ」「活動への思いや取り組む上で悩んだこと」「活動を通した自分自身の変化」「ボランティアセンターやコーディネーターとの関わり」等について紹介していきます。さらに、それぞれの学生の実践に対して、コーディネーターが、どのように考え関わっていたかについて紹介します。

2-1　人生を変えた宝物

金子朋寛（人間福祉学科2018年卒）

　私がボランティアを始めたきっかけは、高校時代にあります。ある先生から「地域の祭りのボランティアがあるからやってみないか？」と声をかけてもらいました。それまではボランティアなど経験したこともなく、面白半分で友人の１人とやってみることにしました。顔合わせがあり、同じクラス

から3人の女子が参加することを知りました。最初はお互いしどろもどろでしたが、徐々に仲良くなりました。当日は、接客を頼まれ、お互いに連携を取りながらお客様に対応することができました。それからは、ボランティアを通して仲良くなった女子、もともと仲が良い男子の5人で、普段できないような体験ができる楽しさに引かれ、さまざまな募集がかかるたびにいつものメンバー（いつメン）で参加するようになりました。

　3年生になり、進路について真剣に考えていたときに聖学院大学のオープンキャンパスに参加しました。そこに、ボラセンのブースがありました。恐る恐る立ち寄ると、アットホームな雰囲気で迎えてくれました。たくさんの話を聞くなかで、復興支援のボランティアがあることを知りました。「優しい先輩やコーディネーターがいて、たくさんのボランティアがある」ことが聖学院大学を選択した理由の一つでした。

　入学してから学科オリエンテーションがあり、ボラセンのコーディネーターが話してくださる機会がありました。その中で、「ボランティアやったことある人は手を挙げて」と言われ、手を挙げるとコーディネーターに指名され、高校時代にやったボランティアをみんなの前で少し話し、「ボラセンで待ってるよ」と言っていただきました。その時に一歩を踏み出してボラセンに行こうと思ったのを覚えています。

　そして、ボラセンに行き、いろいろなボランティア団体を紹介してもらいました。また、オープンキャンパスに来ていたことも覚えていてくれました。その後、私は「復興支援ボランティアチームSAVE」（以下、SAVE）に所属しました。4年間かけてたくさんのことを学び、たくさんの方々との出会いを経験しました。その中でも印象に残っているのは、釜石で被災した幼い姉妹です。先輩に2人を紹介してもらい、4年間を通して交流を深め徐々に仲良くなりました。お姉さんとは今でも連絡を取り、お互いに近況報告をしています。

　もう一つ、学生サポートメンバー「サポメン！」（以下、サポメン）にも所属しました。ボランティアに興味はあるけど一歩が踏み出せない学生に興

味をもってもらえるような企画や、他のボランティア団体との交流ができる企画、運営等を行ったり、地域のボランティアを行いました。私は、ボランティアだけでなく企画や運営という経験もできたことは大きかったと思っています。1年生から2年生の間は先輩が温かく頼りになり、一緒に考えているのが好きでした。しかし、先輩方が卒業すると私が先輩の立場となり企画を主で考えるようになりました。最初は、内容も決まらなかったり、メンバーがアルバイトや他団体の活動もあり、ミーティングにならなかったこともありました。また、先輩方が築き上げてきたものを壊さないようにというプレッシャーもあり、心が折れそうになったこともありました。ですが、コーディネーターが時間をかけて話を聞いてくださり、前向きになることができました。そこから、メンバーやコーディネーターとミーティングを重ね、当日は成功することができました。私は、企画を立案する面白さやそれを実行できたときに味わえた達成感は、ボラセンがあってこそ感じ取れたものだと思っています。4年間、ボラセンのコーディネーターは、ボランティアのことから日常のことまで親身になって話を聞いてくれました。入学する前に思っていた「アットホームな空間」は間違っていませんでした。

　そして現在、私は高校教員として働いています。大学時代にさまざまなアイスブレイクを行わせていただき、それを活かして、生徒同士の交流を深める時間をつくったり、グループワーク前のグループ分けができるレクを行ったりしています。また避難訓練後やホームルームの際などには、東日本大震災を風化させないため、震災について生徒たちに話をしています。そして、高校時代に経験した、ボランティアの魅力や楽しさを生徒たちにも経験してもらいたいと思い、彼らが積極的に参加できるように促しています。

　また私自身、企画運営をした経験が活かされたこともありました。それは、例年学校全体で実施されてきた赤い羽根共同募金が近年流行しているコロナの影響により中止になってしまい、その代替案を考えるということでした。生徒たちのニーズや社会福祉協議会（以下、社協）の方と話を進め、結果として「地域清掃ボランティア」を実施することになりました。そこから生徒

や教員の動線や、清掃区域を考えるなど、社協の方や担当の教員と連携を取りながら実施に向けて会議を行いました。当日は雨に降られることもなく、生徒たちもケガなどもなく学校全体で取り組むことができました。

　終わりに、私はボランティアに人生を大きく変えてもらったと思います。それは、高校時代のいつメンの中の一人が妻となったということもあります。あの時、ボランティアをしていなかったら、今の自分自身はなかったと思います。私は、ボランティアが大好きです。大切な宝物だと思っています。

■ボラセンの関わり　　　　　　　　　　　　　　　（コーディネーター丸山）

　金子さんが高校生の時、初めてオープンキャンパスに来てくれた日のことを、私もつい昨日の出来事のように、思い出せます。すでに高校生のうちからボランティアの魅力を知り、実践していたということもあり、話も盛り上がりましたし、「もし入学してくれたらサポメンになるだろうな」と感じていました。

　入学後は所属団体の枠を超えていろいろな活動に参加し、経験を重ねた金子さん。一緒にたくさん笑い、涙する時間もありました。念願だった教員になれたときは心からうれしかったです。

　どちらかというと、リーダーの一歩後ろでニコニコ支えるタイプの金子さんでしたが、最後はしっかり後輩をまとめて、凛（りん）として立つ姿がなんとも頼もしかったです。このボランティアで得た経験が、今後も人生のさまざまなステージで生かされていくことを願っています。

2-2　多くのものを得たボランティアは青春そのもの

姫野愛菜（心理福祉学科2022年卒）

　私は、曾祖母の住む岩手県宮古市に大きな被害をもたらした東日本大震災をきっかけに、高校生の時から復興支援ボランティアを始めました。大学で

▲防災の大切さをヒーローショーを通じて伝えている防災戦隊マモルンジャー

　SAVEに所属してからは、春・夏・冬と、全てのスタディツアーに参加し、中心メンバーとしてチームのあり方を3年間考え続けました。ボランティアをする上での「善意」と被災者の「ニーズ」の関係に頭を悩ませながら、参加者一人ひとりが有意義な時間となるように試行錯誤した日々でした。

　一番印象に残っているのは、2019年の「よいさっ！プロジェクト6」の"いのちをつなぐレンジャーショー"です。子どもたちにわかりやすく、楽しく防災について考えてもらいたいという思いから結成した「防災戦隊マモルンジャー」での経験を活かし、企画し、実施しました。

　マモルンジャーのリーダー不在のなか、中心となって進めましたが、たくさんの課題と葛藤に直面しました。メンバーは東北の学生、都内の高校生、そして大学の先輩後輩で結成されており、全員での練習時間の確保が厳しい状況でした。また、被害の大きかった場所でやらせてもらうにあたっての子どもたちへの影響、保護者の反応も不安要素でした。

　そんななか、前日の夜まで準備を行い迎えた本番当日、士気を高めるために「えいえいおー」の掛け声を上げ、精一杯やり遂げました。その結果、子どもたちの笑顔を見ることができ、仲間たちは達成感に満ちあふれた顔をしていました。それらの光景は、写真のように今でも脳裏に鮮やかに浮かび上がってきます。

　その日の夜、中心メンバーとボラセンのコーディネーターの数人との振り返りでは、多くの気づきを共有し、今後の意気込みを述べました。13の反省点に対し、3つの良い点があげられたなか、的確、そして端的にまとめられない私の言葉に対し、コーディネーターは、合いの手を入れてくださいました。

　個性豊かなメンバーと共に充実した企画を作り上げるには、たくさんの人の協力が必要です。コーディネーターは、私たちの企画に対し、できる限り実行できるように、支援してくださいました。時間・場所・人員・世間体などの理由で仲間が企画を諦めかけているなか、何としても実行したい私の想いを限界まで先生に掛け合って動いてくれるコーディネーターがいてくれたからこそ、ボランティアに対する可能性を広げることができたと思います。また、人間関係の悩みもよく聞いてくださり、みんなのモチベーション向上やメンタルサポートにも携わってくださいました。勉強とボランティアを両立するために、優先すべきことを一緒に考え、厳しい言葉をくださったこともありました。

　私にとってコーディネーターは、ボランティアをする上で欠かせない存在であり、人生の先輩であり、居場所となってくれる存在です。それは卒業した今でも変わりません。私が聖学院大学でボランティアをし、出会った人々との経験は一生分の宝物となりました。この先もたくさんの学生の"やりたい"を誰よりも応援し、学生の強みを生かしてくださることを期待しています。

■ボラセンでの関わり　　　　　　　　　　　　　　　（コーディネーター芦澤）
　姫野さんは入学早々に窓口に来て、「ボランティア活動を頑張りたいと高

校の教員に相談したところ聖学院大学を勧められた。教員からもらったボランティア活動支援センターの事業報告書も読み込んだ」と話してくれました。このことは、ボラセンの伝説となっています。姫野さんは東日本大震災の復興支援活動にかける想いが人一倍強く、大学2年生の時に企画したのが岩手県釜石市での“命をつなぐレンジャーショー”でした。地震や津波というテーマを持ち込んでよいものか、実施すべきかどうか一緒にたくさん悩んだのを覚えています。そこで姫野さんには、現地の方に実施したい気持ちと揺らぎがあることを正直に伝えることを勧めました。

2-3　釜石フェスティバルを通して

伊藤みさき（こども心理学科2021年卒）

●岩手県に行きたくて

　私が釜石の復興支援ボランティアに関わるきっかけとなったのは、震災前にテレビで放送されていたドラマ「あまちゃん」でした。このドラマがとても好きで、いつかこの撮影地に行きたいと思っていました。そんな時、復興支援ボランティアを通じて岩手県に行けることを知った私は、この機会を逃すまいと思い、スタディツアーに参加しました。

●釜石の魅力に惹かれていく

　不純な動機で参加を始めたボランティア活動でしたが、何度か足を運ぶうちに釜石市のことをもっと知りたいと思うようになりました。

　そこで私はSAVEに所属し、スタディツアーの企画制作のメンバーとして活動を始めました。

●卒業生野村さんとの出会い

　大学3年生になった時、ボラセンのコーディネーターとなった、卒業生の野村実梨さんと出会いました。精力的に活動する私を見て、実梨さんから「釜石フェスティバル（釜フェス）をやってみない？」というお誘いを受け

ました。話を聞いたところ、学園祭で釜石のグルメや特産品を販売したりなど、釜石の魅力を発信するフェスだということがわかりました。漠然とした不安もありましたが、「やってみたいです！」と決意し、4年ぶりに学園祭で釜フェスが開催されることが決まりました。

● **釜石の魅力を詰め込みたくて**

　釜フェスの実行委員には、私を含めて6人が集まりました。経験や価値観の違いから、意見が対立することもありました。そこで私たちは釜石プチツアーを実施しました。プチツアーでは、地元のお母さん方が育てている無農薬野菜や、手作りの「かまだんご」をいただきました。ボラセン主催のスタディツアーとは違った新たな魅力を感じるとともに、実行委員の仲をより一層深めることができました。

● **込めた想いを発信する**

　プチツアーを終えて私たちは作戦を練りました。フェスの内容には多くの候補がありましたが、その中から釜石ラーメンと特産品の販売、講演会の実施と活動記録の展示の4つに決定しました。釜石ラーメンと特産品の販売では、釜石の食を味わってもらいたい、講演会と展示では、東日本大震災からの復興の歩みと本大学とのつながりを感じてもらいたい、とそれぞれ想いを込めました。

　当日は釜石ラーメンと特産品ともに大好評で卒業生もたくさん遊びに来てくれました。また、講演会ではツアーでお世話になった宝来館の女将さんや、現地の支援団体の皆さん、当時、釜援隊（釜石の復興支援の団体）で活躍していた卒業生が駆けつけてくださいました。

● **学びはこれからも**

　私は、釜フェスを通して、相手に伝える・発信することの難しさや素晴らしさを感じることができました。

　私は今社会人2年目になり、職場に後輩ができました。業務の内容や接客スキルなど教えることが山ほどあります。時折、学生時代に似た伝えることの難しさを感じることがあります。そんな時は、受け入れられやすい伝え方

を心がけることで、今までの学びをより深めることができています。これからも、後輩やお客様との関わりを通して、伝える力を磨いていきたいと思っています。

■ボラセンでの関わり　　　　　　　　　　（コーディネーター野村（旧姓：永松））

　伊藤さんは、SAVEの中で、復興支援とは何か、真摯に向き合いながらも、ツアーで釜石を訪れることを純粋に楽しんでいる学生という印象を受けました。釜石のことが大好きで、その魅力を語る力のある伊藤さんに、発信することを通して、自分なりの意味を見いだし、また、地域の方や仲間とその想いを共有する楽しさを実感してほしいと思いました。

　釜石フェスティバル実行委員の中心メンバーとなり、それぞれ違う想いをもつ仲間と交わるなかで、伊藤さんが活動の原点となる想いを見失わないよう、私は、時折、1対1での確認の場を設けました。丁寧に心の内を言語化する機会をもつことが、これからの自分との向き合い方を模索することにつながるよう、掘り下げて咀嚼する時間を大切にしました。

2-4　震災の経験を伝えるため、恩返しをしに関東へ

菅野雄大（こども心理学科2019年卒）

　まず、私がボランティアと出会い・始めたきっかけを話します。私は中学2年生の時に東日本大震災を経験しました。自宅は海から約2km地点にあり、津波の被害にも見舞われ、「全壊」という壊滅的被害でした。避難所で1か月間生活し、当たり前に行っていたことが当たり前ではないと感じた空間でした。

　発災から2か月たったころ、全国各地からボランティアが私の地区に来て、泥出しや写真の仕分けなどを毎日行ってくれました。ある日、当時大学生だったYさんから「一緒に手伝ってくれない？　雄大が一緒にいることで地元の人は楽に話せると思う」と声をかけてもらい、次の日から128世帯という小さな地区「笹屋敷」を回りました。気がつけば、「支援を受ける側ではなく、

支援する側」になっていました。Ｙさんの誘いがなければ、私はボランティアとはほど遠い生活を送っていたと思います。

　高校２年生になったある日、友人から「ツイッターにあげてた楽しそうな活動ってなに？　部活もしてないし一緒にやってみたい」と言われ、友人数人を連れて笹屋敷で復興支援活動を行いました。その後も活動は継続し、高校２年生の終わりに高校生ボランティア団体「Re:smile（リスマイル）」を立ち上げました。私はボランティアの楽しさを知ってもらいたいという想いで発信し続け、総勢約200名が所属する大きな団体へと成長しました。

　大学進学を検討するなか、担任の先生から「ボランティア活動が盛んな大学があるよ」と紹介を受けて入学を決めたのが聖学院大学でした。私は入学式を終え、授業開始当日にボラセンへ行き、「仙台でボランティア活動ができる団体を立ち上げたい」とコーディネーターに伝えました。ボランティア活動を通して、防災意識や被災地への思いや活動への意欲を一歩前に進めてもらえたらという思いで「STEP.」という団体を発足させ、仙台市に行き、農家のお手伝いや地元の子どもたちの居場所づくりを行いました。年に数回しか行けませんでしたが、３泊４日など長めに滞在し、地元の方との関係性を大事にしました。また、個人の活動として「語り部」活動を行い、埼玉県の中学校・高校に行き、避難所での実際の体験談やテレビ等で取り上げられなかった話などを赤裸々に話し、ワークショップをしました。語り部を行う前に、ある高校生から、「実際に被災地へ行ったが当事者に質問していいことなのか考えてしまい、結局質問できず帰ってきた」と言われたことがありました。東北へフィールドワークの事前学習会に語り部として呼ばれることが多く、「なんでもいいから質問して欲しい。僕が全て答えます」と必ず伝えていました。これらの経験が今の仕事に活かされています。私は今、仙台市で働いており、宮城県亘理町で防災を軸としたまちづくりを行っています。震災後住めなくなった地区でのカフェの建設や地域活性化のイベント開催を行い、まちを盛り上げています。学生の頃から大事にしていた「寄り添い」をもとに、活動を今後も展開していきたいと思います。

■ボラセンでの関わり　　　　　　　　　　　　　　　　（コーディネーター芦澤）

　菅野さんが入学する頃、大学では復興支援活動に関わる全国の大学とのつながりを育んでいたところでした。東北学院大学が事務局となって立ち上げた大学間連携災害ボランティアネットワークに加盟したのも2015年2月のことです。私は、2014年12月に行われたネットワーク主催のシンポジウムに初めて参加し、そこで菅野さんの高校時代の先輩とご一緒しました。その方から「今度、聖学院大学に入学する私の後輩が、地元で活動するボランティア団体を立ち上げたいと言っています」という話を聞いて、菅野さんの入学前から団体立ち上げ支援のイメージを始めていました。菅野さんが高校時代から活動していた「日本基督教団東北教区被災者支援センター・エマオ」（2019年3月末をもって活動を終了）は本学教員もつながっていたこともあり、菅野さんがエマオと連携して活動する団体を立ち上げることはスムーズでした。また、学生たちの活動フィールドが広がることは大学としても喜ばしいことでした。

2-5　私の価値観を形成してくれたボランティア活動

蒯 梦雅（カイ・ムガ）（政治経済学科2021年卒）

　私は中国南京市の出身で、中国にいるときはボランティア活動に取り組む機会がほとんどありませんでしたし、ボランティアという言葉自体、馴染みが薄かったです。大学に入学して、初めてボランティア活動に参加する機会がありました。その時は、日本人と知り合って、日本語を練習したいというすごく単純な理由で参加したのを覚えています。しかし、その後ボランティア活動を継続することで、自分なりの価値観を形成する機会にもなりましたし、精神的な豊かさを得ることもできました。

　今でも印象に残っているボランティア活動は、児童養護施設の子どもたちに水族館を案内したことです。水族館を案内するだけだと思って、気楽に参加しました。私は2人の女の子の引率を担当しました。彼女たちは明るく

て元気そうにしていましたが、あまり私と接したくないように見えました。私から「手をつなぎましょう」と声をかけたら、彼女たちも喜んで手をつないでくれました。そのようにして段々と仲良くなったときに、彼女たちは小さい声で、「ありがとうございます。お姉さん、また私たちに会いにきてくれますか」と聞きました。それに対して私は慌ててしまってどう返事をすればいいのかわからなくなりました。彼女たちは、そんな私の表情を見て、全てわかったようでした。後で、このやりとりを児童養護施設を運営している担当者に伝えると、一度子どもと約束したのにその約束を守らないことが、子どもたちの心を想像以上に傷つけると教えてくれました。

　私は子どもたちとその時約束しませんでしたが、少し子どもたちの心を傷つけてしまったのではないかと思います。そしてこの経験が、今まで自分の満足を求めてボランティア活動に取り組んでいたことに気づかせてくれました。果たしてこれはボランティア活動といえるだろうか、と悩んだ経験から、ボランティア活動に取り組むにあたって、相手と対等であることを大切にしたいと思うようになりました。

　このような学外での活動以外に、大学でもさまざまな活動に参加をしました。3年生の時には、ボラセンで声をかけていただき、ボランティア活動を広めるサポメンになりました。私は、他の留学生にボランティア活動の楽しさを伝えてもっと活動に参加してほしいと思っていました。そのためには、留学生にわかりやすくアピールすることが必要だと思い、サポメンのミーティングで留学生を対象としたボランティア紹介イベントを実施したいと提案をしました。私以外のサポメンはみんな日本人学生でしたが、「ぜひやりましょう」と言ってくれて、すぐに企画が進みました。初めて告知チラシをつくったり、司会を他のサポメンにお願いするなど企画の中心を担う経験をしました。当日は多くの留学生が参加をしてくれて大成功でしたが、そのことよりも自分の想いを発信して、サポメンのみんなで一つの企画をつくっていくことができたのが何よりもうれしくて、今でも印象に残っています。

　現在は、都内の日本語学校に勤めています。中には、自分の運命を変える

ため、借金をしてまで留学している生徒もいます。私が関わったそのような生徒の多くは、早く借金を返済するためにアルバイトに必死になり、1年もたたずに、身体的、精神的に疲れて、そのまま帰国してしまいました。

　その状況をみて、「私にできることないかな」と一生懸命に考えました。私が勤める日本語学校では専門学校に進む生徒が多いのですが、生徒たちに、自身の経験談を紹介しながら大学の魅力を伝えることを始めました。さらには、大学受験向けのクラスを開設しました。すると、予想外に希望者が集まりました。生徒たちは生きる意味を見つけて、一生懸命に勉強しています。私ができることは少ないですが、これからも生徒たちの応援を続けたいと思います。

　大学を卒業してから、ボランティア活動に参加する機会が少なくなりました。でも、ボランティア活動に取り組みたいという気持ちがあれば、いつでも誰でもどこでもできる。それが、私にとってのボランティア活動です。

■ボラセンでの関わり　　　　　　　　　　　　　　　　（コーディネーター芦澤）

　カイさんと出会ったのは大学2年生の時で、窓口で活動の経験談を楽しそうに話してくれたのを覚えています。さまざまな経験談を聞き出すなかで、もっと留学生にもボランティア活動に参加してほしいという想いがあることもわかりました。その想いに触れた瞬間、ぜひカイさんをサポメンに誘いたいと思いました。そして、3年生になり、カイさんはサポメンとなりました。初めて参加したサポメンの定例会でさっそく、「留学生向けのボランティア紹介イベントをやりたい！」と提案。イベントは21名の留学生が集まり大盛況で、活動への参加にもつながりました。カイさんの想いや行動は、留学生が地域への一歩を踏み出すきっかけとなりました。

2-6　ボランティアを通じた地域交流

高橋健太（政治経済学科2021年卒）

　私が聖学院大学でボランティア活動を始めたきっかけとして、学内のボランティアサークルであるボランティア・アソシエーション（通称：グレイス、以下、グレイス）との出会いがあります。入学直後のオリエンテーションでグレイス参加への募集があり、何か新しいことをしたいと思い参加しました。グレイスは聖学院大学に古くからあるボランティアサークルで、学内でのキリスト教行事での奉仕活動と埼玉近辺の地域団体との対人ボランティアを主として行っている団体です。私は大学に入るまではボランティア活動らしいことはほとんどやったことがなかったので、最初は先輩方についていき、障害者施設での傾聴ボランティアや児童養護施設での季節イベントに参加し、地域でのボランティア活動を体験しました。大学 2 年生になってからは代替わりもあり、中心メンバーの一人として、従来グレイスで交流のあった施設に加え、今までつながりのなかった子育て支援施設での子どもと遊ぶボランティア（NPO法人彩の子ネットワーク）、衣服のリサイクルボランティアや、大学の近隣駅である宮原駅前で行われるお祭りへの準備や当日参加など、活動の幅を広げていきました。

　新しい活動をどこでどんなふうに行うかにあたっては、ボラセンに相談して地域の施設を紹介してもらい活動を始めました。前述した 2 年時から行った子育て支援施設での活動は、「コミュニティサービスラーニング」という授業内のボランティア実習で、縁ができて何度も活動に呼んでもらいました。

　お祭りボランティアでは、ボラセンにつないでもらったことにより、前日準備だけでなく、実行委員会にも参加し、地域行事がどのようにつくられていくのかを身をもって体験することができました。地域のイベントボランティア自体には、この前後にいくつか参加しましたが、企画段階から参加したのは初めてでした。主催者の一員としてイベントのつくり方やさまざまな立場

の人がお祭りの成功に向けて一つになっていくなどの非常に貴重な経験を積むことができました。また、こうしたグレイスでの活動にあたり、ついて回る活動資金の確保についても、「ボランティア・まちづくり活動助成金事業」でグレイスのボランティア活動をPRできたことにより、地域住民や卒業生から活動資金をいただくことができ、安定してボランティア活動をすることができました。

　このように大学生活の中でボラセンの力を借りて地域活動を行うなかで、主体性をもって自分から行動するという力を習得できました。これからもボランティアを通して得た力で、社会人として前向きにトライしていき、社会に何らかの貢献をしていきたいと思います。

■ボラセンの関わり　　　　　　　　　　　　　　　　（コーディネーター数井）

　今でも「数井さん、新しいボランティア募集、来てますか？」と高橋さんがボラセンに顔を出すような気がします。初めて会ったのは1年生の時。物静かな様子でしたが、思い切って「上尾消費生活展」でレンジャーになって会場を盛り上げるという活動を紹介すると、なんと挑戦！「あまりうまくいかなかった」と少し落ち込んでいましたが、その後もさまざまな活動に応募。3年生で再び「上尾消費生活展」に参加したときは、実行委員の方が「すごくしっかりしちゃったねえ」と驚くほど、臨機応変に動ける力を身につけていました。グレイス代表になってからは、「メンバーが挑戦できるよう、いろいろな活動を紹介してほしい」と相談があり、取り組みやすそうな活動を探しては紹介しました。高橋さんは自分の経験から、思い切って挑戦すれば自分の身になるということを実感していたのでしょう。いつも「自分も行くからやってみない？」と声をかける後輩想いの先輩でした。

2-7　人との関わりで得たやりがいと楽しさ

楢原郁奈（児童学科2020年卒）

　私は聖学院大学に入学後、東日本大震災で被害を受けた岩手県釜石市を中心に復興支援ボランティア活動に参加していました。卒業後に保育士を志望していた私は、子どもたちと触れ合う企画にとても魅力を感じていたので、上尾市を中心とした地域の子どもたちと触れ合うボランティアに参加し、大学2年生の時に「Heart & Smile」という団体に所属しました。

　Heart & Smileは上尾市を中心とする地域の子どもたちと、その保護者を対象とした遊び場の提供、地域のイベントへの参加、出展を中心としたボランティア活動をしている団体です。この団体は毎年、上尾市主催の「あげお産業祭」に参加していました。2017年には1つのブースを出展し、塗り絵や的当てゲームなどの子どもたちが楽しむことのできる企画を実施しました。その際に隣のブースに出展していた梅田スクリーン印刷株式会社の方から、「大学生が一から企画実施をし、心から楽しみながら来場者に楽しんでもらっている姿を見て、共同で企画実施をしたい」と声をかけていただきました。そして翌年の11月に開催された「あげお産業祭」では、梅田スクリーン印刷株式会社と共同でブースを出展することとなりました。

　私たちはその年の6月から動き始めました。まずは、会社見学に行きました。そこには巨大な物を印刷する機械、繊細で細かい印刷をする機械、金属などのさまざまな素材に印刷する機械など、私たちが見たことのない機械がたくさんありました。そこで私たちはそれらの印刷技術、大学生ならではの企画力を生かしながら、来場してくださる子どもたちや地域の方々に楽しんでもらえるような企画を考えました。私たちは、別のボランティアなどで人気のあったすごろくを、印刷技術を生かして巨大な物にすることで、インパクトがあり、皆さんが楽しめるものがつくれると考えました。そして、上尾市をテーマとした巨大なすごろくをつくることにしました。

　大きさや素材、設置方法などを何度も会議を重ね考えました。企業の方も通常の業務を行いながら進めていること、私たち大学生も授業や就職活動、ほかのボランティア活動、アルバイトなどの合間で行っていたので企画を擦り合わせる時間も限られており、正直とても大変でした。すごろくのデザインは私たちが手書きで紙に書いたものをもとに印刷していただき、その中には私の手書き文字がそのまま使われているところもありました。出来上がったすごろくを見たときはとてもうれしく、頑張って企画をしてよかったと思える瞬間の一つとなりました。また、すごろくで使う駒も私たちが手書きで書いたイラストを厚紙に印刷していただき、子どもたちにその場で色を塗ってもらうことにしました。さらに、その時流行していたSNSをモチーフにしたフレーム、写真を撮影し、投稿することのできるフレームも、私たちの手書きのデザインをもとに印刷していただきました。

　そして迎えた当日には、すごろくをブースの壁に設置することで来場してくださる方の興味を引くことができ、多くの子どもたちが楽しんでくれました。その際に、来場してくださった子どもたちや保護者の方にたくさんの感謝の言葉をいただきました。それだけではなく、子どもたちから、「楽しかった。ありがとう」などの手紙、塗り絵や折り紙などをプレゼントしてもらいました。ブースに来てくれたほんとうにわずかな時間でも、自分の考えた企画で多くの子どもたちが楽しんでくれたこと、それが何よりもうれしく、やりがいを感じる瞬間でした。

　私は企業と連携した企画実施は初めてだったのでわからないことがたくさんあり、大変だと感じる場面もありましたが、学生だけでは実現することのできない企画を実施することができ、大変だった分、大きなやりがいを実感することができました。

　私は大学を卒業し、現在は障害者支援施設で働いています。主に利用者の生活支援をしていますが、利用者の方々がより楽しく、安心して生活できるよう、行事やイベントを企画実施する機会が多くあります。その際には大学時代に培った経験を生かし、実現が難しく思えたとしても企画会議などで思

い切って発言することで、利用者が心から楽しいと思える企画を考え実施することができていると思います。そして、利用者からも「いつも楽しませてくれてありがとう」など感謝の言葉をたくさんいただきます。今は仕事で大変なことがたくさんあり日々悩んでいますが、感謝の言葉や利用者からの気持ちがこもったプレゼントは、私にとってやりがいであり、宝物となっています。それらも全て大学時代にボランティア活動をして、たくさんの人と関わり、たくさんの経験をしたからだと思います。これからも、利用者が楽しめる企画を実施できるようにしていきたいと思います。

■ボラセンの関わり　　　　　　　　　　　　　　　（コーディネーター丸山）

　この企画を実現していくにあたり、まずは、コラボを希望されている印刷会社の方、上尾市役所のイベントを担当する職員の方、そして Heart & Smile の学生が集まり、可能性を模索できる場を設けました。その後、印刷会社を見学し、看板や大型ポスターなどの製作過程を拝見させていただきました。学生のアイディアに、印刷技術を導入することで何が生み出せるのか？初めてのことで戸惑う時期もありましたが、「対等につなぐ」ことを意識して、ミーティングを行いました。企業とコラボする上で、事前に企業側にやりたい形があると、学生はマンパワー的要員になってしまうことがあり、なかなか学生たちが主体的に取り組むことやモチベーションを維持することが難しいと感じていましたが、今回は学生たちが企業や行政の方から信頼をいただけたことで、自由に発想し、それがカタチとなり完成した「上尾市の巨大すごろく」は、イベントでも大盛況でした。楢原さんがこの活動を通して企業や行政の方に臆さず発言し、想いを実現できた経験が、今の職場でも生かされているようでうれしく思います。

2-8　ダンスでつながったコミュニティ

福澤惠美（心理福祉学科2022年卒）

　2019年8月、大学近くの日進公民館で「みんなで踊ろう！HIPHOP教室」を開催しました。内容は、地元の小学生15人ほどを対象にHIPHOPを教えるものです。

　きっかけは、1年次に受けたボランティアの授業でした。ボラセンの川田さんの授業で、芦澤さんがゲストとして来てくれた回でした。授業後に提出する感想用紙に「ダンスを活かして子どもたちとつながれるようなボランティアをやりたい」というようなことを記入して提出しました。もともと個人ではボランティア活動をしていたものの、大学でのボランティアはなぜか敷居が高く感じられて、なかなか活動に踏み出せなかった時期でもありました。自分からボラセンに行くのは怖いけど、でもボランティアは何かしらやってみたいな…という思いで書いたような気がします。感想用紙を提出してしばらくたったころ、芦澤さんから「近くの公民館でダンスを教えるボランティアの依頼があって、福澤さん良ければやってみない？」という連絡をいただきました。軽い気持ちで書いた感想用紙だったのですが、「あ、ちゃんと読んでくれているんだ」と思ったのを覚えています。そこから公民館の担当者とつないでいただき、ボラセンの協力のもとで2018年12月から企画を練り、2019年8月に開催することができました。

　ボランティア当日は、同じダンス同好会の4人に来てもらいました。最初は、子どもたち同士の距離感が縮まるように、アイスブレイクとしていくつかシアターゲームを行いました。全員で輪になり、お互いの顔が見える状態で進めていきました。私は輪の中心で、簡単な動きを見せて子どもたちに真似してもらったり、リズムに乗りながら動きの指示を出して輪をぐるぐる動かしたりと、ダンスにもつなげられるようなゲームを中心に行いました。最初は緊張していた子も、体を動かして声を出すことで、徐々に笑顔が見え

てくるようになったと思います。ゲームを終えたら休憩を挟み、いよいよダンスの練習です。私自身、自分が踊るのはとても好きなのですが、人に教えるのは初めてのことだったのでとても緊張しました。子どもたちは一生懸命ダンスの動きの真似をしてくれて、最後はみんなで見せ合いっこをして終わりました。子どもたちに書いてもらったアンケートでは、「楽しかった」という言葉がとても多く、中には、「ダンスを習いたくなりました」という言葉もあって、とてもうれしかったです。初めてのダンスボランティアで改善点も多くありましたが、何よりも当事者の子どもたちが楽しんでくれたことが一番良かったなと思います。

　ボランティア終了後、公民館の方から、「11月に開催される公民館の文化祭にもぜひ出演していただきたい」とお誘いを受け、私を含めたダンス同好会の10人で文化祭にも出演させていただき、ダンスを披露しました。地域住民の方に私たちダンス同好会のこと、聖学院大学のことを知っていただけたと同時に、「お願いしたいことがあるので、後日ボラセンにご連絡させていただきます」との言葉もいただきました。地域住民、公民館、大学、ボラセン、それぞれがつながっていく様子を目の前で見られて、私のダンスボランティアは良いきっかけだったのかな、と思いました。

■ボラセンでの関わり　　　　　　　　　　　　　　（コーディネーター芦澤）

　ボラセンでは、ボランティアに直接関係のない団体にも、それぞれの得意分野を活かして地域で活動する楽しさを味わってほしいと日々願いながら、諦めずに呼びかけを続けています。そのようななか、福澤さんの感想用紙が飛び込んできました。「すぐにでも地域のニーズとつなげたい！」と思いましたが、実はこの時は福澤さんの想いをつなぐ先がありませんでした。地域のニーズがないと学生の願いをカタチにできないのが悩ましいところでもあります。地域のニーズを掘り起こすことも視野に、アンテナを張るようにしていましたが、ベストタイミングでさいたま市立日進公民館からご依頼をいただいたときは心の中でガッツポーズをしました。

2-9　未来をひらく──私と3.11のこれまでとこれから

松本一帆（子ども心理学科2021年卒）

　聖学院大学に入学後すぐ、仙台で復興支援のボランティア活動をしている「STEP.」に加入しました。学生生活の４年間では子どもたちとの活動や地域支援もしましたが、特に深く関わっていたのは東日本大震災の復興支援でした。

　２年生の時に「STEP.」の代表を引き継いでからは、仙台で学んだことを踏まえて自分たちが生活している埼玉県での防災学習・防災啓発に切り替えて活動を行いました。その経験もあり、2021年の２月に「未来をひらく〜私と3.11のこれまでとこれから〜」という復興支援に関するイベントを開催し、実行委員長を務めることになりました。実行委員は学生が主となり会議や企画を進行し、ボラセンのコーディネーターさんや埼玉県防災学習センターにサポートをしていただくかたちで進めていました。この年は東日本大震災から10年を迎えた節目であり、これまでの10年間を振り返るとともに、今後の10年の未来をどうひらいていくか、というテーマを参加者と共に考える時間となりました。

　イベントを企画した当時は、新型コロナウイルスの流行により実際に企画メンバーが集まって会議をすることはできず、本番を含め全てオンラインでの実施となりました。このイベントの２年前には「未来をひらく」の第１弾を対面で開催したこともあり、余計にオンラインでの違和感は大きかったです。初めての試みとなるオンラインでのイベント開催に、実行委員は不安でいっぱいでした。本来であれば他大学との交流も生まれる機会ですが、やはり実際に顔を合わせていないので、最初はどこかぎこちない雰囲気もありました。そのため、会議では毎回近況報告やアイスブレイクをして緊張をほぐして、意見を出しやすい場づくりを心がけていました。

　イベントは２日間にわたり、初日には、実際に東北で伝承活動をしてい

る方々と実行委員の座談会や、過去の10年を振り返り未来の10年を考えるグループワーク、2日目は、実行委員考案の防災講座などを行いました。ゲストとして登壇していただいた旧石巻市立大川小学校で娘さんを津波で亡くされた「小さな命の意味を考える会」の佐藤敏郎さん、中学生の時に迫りくる津波から避難した経験をもつ「釜石市いのちをつなぐ未来館」スタッフ（当時）の菊池のどかさんのお話はリアリティにあふれていました。自然災害はいつどこで発生するかわからないものであり、決して他人事ではないということを痛感しました。

　イベントの中では10年間を振り返りながら、自分の人生と震災がいつどのように交わっているかをあらためて見つけてもらい、その接点からどんな影響を受けて現在の自分につながっているかを再確認してもらいました。そしてこれからの10年間で、自分はどんな未来をどのようにひらいていくのか、ひらいていきたいのかを言語化して、参加者同士でそれぞれの思いを共有しました。参加者の中には、震災後すぐに東北の支援活動をした人もいれば、私のように震災から時間がたってから東北に足を運ぶ機会ができた人、日々意識はしているが実際に行動には起こせていない人などもいて、さまざまでした。また、これからの未来の10年を考えるテーマでは、今までの経験や年齢によってさまざまな意見をいただくことができました。自分自身の防災意識を高めたい人、それらを震災を知らない世代にも伝えていきたい人、支援が必要になったときに行動できるようになりたいなど、参加者それぞれの未来を聞くことができて、とても興味深かったです。

　私もあらためて自分の過去・現在・未来を考える機会となり、学生生活4年間の活動を振り返りながら思いを整理することができました。考えをまとめて誰かと共有することで、共感が生まれたり、自分とは違う視点からの意見をもらえたりして、それまでの迷いや不安が軽減されたように思いました。

　昨今ではSNS等の普及により、時と場を制限されずに幅広い層に向けて自分の意見を発信することができます。ボランティアをする学生の活動でも、

実際に現地に行くことや人を集めてアクションを起こすことが難しい状況に合わせて、オンラインでの活動に切り替えた企画を多数目にします。現地でしか味わえない空気感もありますが、オンラインで体験したことや耳にしたことが最初のきっかけとなり、後々の活動につながることもあるでしょう。こういったきっかけづくりとしてオンラインツールが活用されれば、より多くの人の日常にボランティアの種をまくことができるのではないかと思います。さまざまなかたちで支援を必要としている人がいるなかで、時代や状況に合わせた方法でニーズとアクションがつながっていく未来はもう始まっているのだと実感しました。

　このイベントを企画した当初、参加者が命についての大切さや尊さを感じ、防災を日常に落とし込んで考えるきっかけづくりになるようにと思いを込めました。ここで得た学びが周囲に拡散され、いざというときに正しい判断力で命を守れる人が 1 人でも多くいる未来になることを願います。

■ボラセンの関わり　　　　　　　　　　　　　　　　　（アドバイザー川田）

　松本さんは 4 年生になるまであまりボラセンを頼ることなく、団体運営や全国の学生ボランティアともつながり、活動を展開されてきた印象があります。そんな松本さんの「コロナ禍でも、震災10年という節目としっかり向き合いたい」との強い思いがあったからこそ、会議も本番もオンラインという特殊な状況を乗り切れたと思います。ボラセンとして、他大学学生との橋渡し、オンラインの技術的支援、広報支援等の側面的サポートを行いましたが、支援というよりは同じ願いをもつ者同士の協働関係として、一緒に取り組めたと感じています。イベントを通して、オンラインのみの活動でも思いはしっかり伝わること、全国の仲間と出会えることを教わりました。

2-10　私にとっての「オレンジリボン運動」

長嶋実咲（人間福祉学科2019年卒）

　ボランティアを始めたきっかけは、友人からの誘いでした。その友人と「Heart & Smile」という団体に所属し、上尾市内で行われるイベントなどにブース出展を行いました。その活動によって、子ども・地域・学生のつながりができました。そのつながりを通じて、市内で子育て支援を行うNPO法人彩の子ネットワークに協力していただき実施した「オレンジリボン運動」について紹介したいと思います。

　毎年、ヴェリタス祭（学園祭）の中で実施されている「ボラフェス」というボランティア関連ブースでは、以前から児童虐待防止に関する啓発活動を行っていました。しかし、担当制にしていたため、特定の学生のみが関わっており、その内容について知らない学生が多い状況でした。そこで私は、より多くの学生に知ってもらえるように、ボラフェス実行委員の学生全員とオレンジリボン運動の啓発活動に取り組みました。具体的には、彩の子ネットワークと一緒に、「子育てサロンが生まれる日」というオリジナルドキュメンタリーDVDの上映会を行い、子育て中の親御さんたちとの意見交換会も行い、子育ての大変さや苦悩を知ることができました。上映会を通じて印象に残ったのは、「産んだからすぐに子育てができるわけではない」という母親の言葉でした。産んだ瞬間から母として子育てをしなければいけない、「お母さんだから……」と言われてしまう、そのような周囲の空気・発言・風潮が母親たちを追い詰め、苦しめてしまっているのではないかと感じました。

　「虐待はダメだ」と親を責めるだけでは、ぎりぎりの状況下で子育てをしている親を追い詰めてしまうため、責めるのではなくその親の気持ちに寄り添うことが大切なのだと学びました。そのために子育てサロンがあるのだと思います。上映会・意見交換会を行ったことで、「一人でも多くの学生に子育てサロンの存在を知ってもらうきっかけになってほしい」という願いを実

現することができたと思います。ヴェリタス祭の本番では私が関わる前から行っていた虐待防止の啓発活動に関する展示のほかに、上映会に参加した学生の感想、「私を支えてくれたあなたへ」という来場者参加型の企画も行い、さまざまな人へのメッセージを書いてもらいました。中には、親子関係だけではなく、友人や恋人に向けたメッセージもありました。このように思いを書くことによって、私は一人ではないと感じるきっかけとなっていたらうれしいです。これら一連の取り組みについて、「学生によるオレンジリボン運動全国大会」でも発表させていただきました。

　学生たちが親世代に寄り添いたいと考え、このような活動をしたことが、いま子育てに悩んでいる方々にとっての一筋の希望の光として心の支えになればと思います。この活動を一緒に行った学生が実際に親となり悩んだときに、子育てサロンの存在を思い出し、支えになれば、この活動を行ってよかったと心から思える日が来ると思っています。

　学生生活での学びを経て、私は「共生社会をつくりたい」と思うようになりました。子どもや親、障がい者や高齢者などさまざまな方が笑顔で生活できる社会が、私の最も理想とする社会だと気がつくことができました。その気づきから、現在私は障害者支援施設で働いています。学生時代に学んだことやこれまでの経験を活かし、さまざまな人が笑顔で生活できる場をつくることが私の今の夢です。

■ボラセンとの関わり　　　　　　　　　　　　　　　　（アドバイザー川田）

　長嶋さんとは、1年生の時に私が担当しているボランティア論を受講された時からのご縁です。4年生になった長嶋さんが取り組んだ「オレンジリボン運動」を、全国の学生が集う「学生によるオレンジリボン運動全国大会」で発信するお誘いをし、サポート役として関わりました。

　報告会では、直前に虐待事件が起きたこともあり、どの団体も「おかしいと感じたら迷わず連絡（通報）」という発表が主流でした。しかし、長嶋さんはこれまでの活動で実感した「親を責めるのではなく、親の気持ちに寄り

添っていくことが大切」とのメッセージを力強く発信しました。その発表から、私も虐待防止に向けた多様な選択肢と社会のあり方があることを教わりました。

※本内容は、第Ⅲ章2節の彩の子ネットワークの報告ともつながっていますので、そちらも合わせてご覧ください。

2-11　どんな状況でも子どもたちと楽しむことを目指して

佐藤達宏（児童学科2022年卒）

　私たちの「どこでも絵本プロジェクト」は、造形教育論ゼミの学生が中心となり活動しています。造形教育論ゼミでは、小学校の図画工作についての学びを深めつつ、東京国立近代美術館でギャラリートーク見学などの課外授業に参加をするなかで、造形に関する見方や考え方、またそれらを伝える力を高めてきました。

　このような学びを踏まえ、子どもたちが造形活動を楽しむことができるワークショップについても計画をしていました。しかし、新型コロナウイルスの蔓延により、ワークショップなど子どもたちと交流する機会も失われ、保育園・幼稚園・小学校などでも子どもたちの活動は制限されてしまいました。そんななか、大学の講義内でも取り扱う小学校図画工作のキーワード"見立て"の活動を基盤とした造形活動を行うことになりました。具体的には、造形教育論ゼミ担当教授からプレゼンテーションソフトであるパワーポイントを使用した自作絵本のオンライン読み聞かせを行うことを提案され、私たちの活動は始まりました。

　絵本を自分たちが作成することで絵本の著作権の問題を解消し、オンラインでの配信も可能になりました。また、パワーポイントを使用することによってデータを送ることができれば、いつでも、どこでも楽しめる絵本をつくることができます。そして絵本作成の際には、絵本から造形活動に触れられる

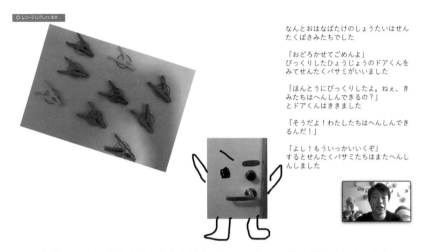

なんとおはなばたけのしょうたいはせん
たくばさみたちでした

「おどろかせてごめんよ」
びっくりしたひょうじょうのドアくんを
みてせんたくバサミがいいました

「ほんとうにびっくりしたよ。ねぇ、き
みたちはへんしんできるの？」
とドアくんはききました

「そうだよ！わたしたちはへんしんでき
るんだ！」

「よし！もういっかいいくぞ」
するとせんたくバサミたちはまたへんし
んしました

▲パワーポイントを使用した自作絵本のオンラインでの読み聞かせをする学生

こと、読み聞かせの後に自宅でも楽しめることをテーマにしました。そのた
め、登場人物は身の回りにあるものを写真に撮り、写真を加工してキャラク
ターにするなどして、親しみやすい絵本を作成しました。活動を進めていく
なかで、読み聞かせと読み聞かせの間をつなぐ、"遊び"（ICTを用いるレク
リエーション活動）を取り入れるなど、絵本同様、児童学科の学生の持ち味
を生かした活動となっていきました。

　アニメーションを付ける際には単調になりすぎないように、少し大げさな
アニメーションを取り入れたり、連続して同じアニメーションを使わないよ
うに工夫していきました。また、スライドの切り替えで場面の背景の色を変
えるなど、物語が展開していく面白さを味わえるような絵本を目指して作成
しました。

　完成した絵本をもとに読み聞かせ会を開催する際には、ボラセンに協力し
ていただき、地域の保育園とつながることができました。また、オンライン
環境の整備や学内の他団体との交流の機会などのサポート、オンラインに慣
れていない学生だけでは気づくことが難しいオンラインならではのカメラの

切り替え方や話し方などの工夫をアドバイスしていただいたこともあり、私たちの活動も豊かになっていきました。そして、どこでも絵本プロジェクトが目標としていた、オンライン上でいつでも、どこでも楽しめる絵本の読み聞かせが形になっていくのを感じていました。

　ボラセンの協力によって地域とオンラインでの交流ができたことで、ボランティア活動に消極的だった学生も地域のために活動すること、自分たちの良さを活かしていくことの意義に気づき、どこでも絵本プロジェクトの活動を楽しむ姿も増えていきました。また、私自身も1つのアイディアが多くの人とのつながりによってどんどんと形が大きくなり、他の人にとっての楽しみや支えになっていくボランティアの良さを再確認することができたと思います。また、現在では活動は後輩にも引き継がれ、パワーポイント絵本内のBGM（効果音）やアニメーションを活用したより発展的な内容に進化しています。

　コロナ禍という困難な時期にありながらも、小さなアイディアや誰かへの思いがどこでも絵本プロジェクトという形になり、現在もオンラインを通じてさまざまな人と交流し、造形活動に多くの人が触れていることをうれしく思います。

■ボラセンの関わり　　　　　　　　　　　　　　（コーディネーター丸山）
　コロナ禍で大学生が大学に来られない状況になった2020年の春、県内にある社協の職員から「オンラインで何かできることがないか一緒に模索してほしい」と連絡がありました。同時期に、佐藤さんが所属しているゼミの担当教員からも、「学生たちのオリジナル絵本を地域の方に見てもらえる場がないだろうか」と相談がありました。すべての対面活動が中止になっていたなか、一筋の光がさした瞬間でした。絶対実現したい！と、私自身もZoomの研修を受け、人生で初めての、オンラインボランティアをコーディネートしました。

　オンラインでの活動は、準備が9割と言っても過言ではありません。

120％準備したつもりでも、誰かが接続できなかったり、マイクが入らなかったりと、さまざまなトラブルが起こります。まず学生たちには台本を作成してもらい、そのつど、現場の保育士や、社協職員にアドバイスをいただくなど、Zoomで保育園とミーティングができるようサポートしていきました。最初は、オンライン上での会議に慣れず、意見がある人だけしゃべり、他の人が黙ってしまう状況が続きました。このことを受けて、私は学生たちの力を最大限引き出せるよう、代表である佐藤さんに会議の進め方についてアドバイスをしたり、リハーサルなどでは本番に向けたアドバイスを伝えるだけでなく、緊張をほぐせるような声がけや褒めることを意識して関わらせていただきました。学生たちの個性や才能あふれる、素敵な作品をオンラインでお届けできて、私もとても感動しました。

2-12　私たちにとってボラセンは教室

吉田樹羅（政治経済学科2020年卒）

　私は、「STOP!」という防犯ボランティアチームで活動をしておりました。

　活動を始めたきっかけは、学生時代警察官志望だったという経緯と部活動以外に大学生らしい活動がしてみたいという簡単な動機でした。活動内容は、聖学院大学の所在地である上尾市の公園や、大学周辺の小学校、大学の最寄り駅周辺のパトロール活動、警察官の方たちとの防犯グッズの配布などでした。学園祭では、地域の子どもたちとともに、反射材のついたキーホルダー作成なども行いました。

　この活動を始めるにあたり、ボラセンの方々には多くの面で活動を支え、見守っていただきました。私たちの団体は、どこをパトロールするのかなどを決めるため、活動開始までに時間がかかりました。そんな時、コーディネーターの皆さんが一緒に周辺を見てくれたり、メンバー募集に関しても多くのアドバイスをくださいました。その結果、始めた目的は違いますが、地域の

ために役に立ちたいという思いをもったメンバーが集まりました。

　私は現在、スーパーマーケットで働いております。現在の仕事を選んだの
は、埼玉県で生まれ育ち地元埼玉に根付いた会社だったからです。この考え
に至ったのも、ボランティアが関わっています。私は学生時代にSTOP!だ
けでなく、子ども食堂や、子どもたちのかけっこ教室などにも参加しており
ました。そこで感じたのは、地域の人の役に立てる仕事に就こうという思い
でした。入学当初は、スーパーマーケットに就職しようとは全く考えていま
せんでした。しかし、ボランティアを始めたことで、私は地域の人に支えら
れていたことに気づかされました。

　社会人になった今、あらためてボラセンについて考えてみると、私たちボ
ランティアに関わる学生たちにとっては、教室のような存在だったと感じま
す。大学には高校までのような教室はありません。しかし、私たち学生には、
「ボラセン」という教室がありました。空いている時間に何の用事もなく立
ち寄れる場所であり、活動団体は違いますが、同世代のボランティアを行う
学生が集まり語らう、そんな教室のような場所でした。

　私はボランティアをするまで、人の役に立つにはどうしたらよいのかと考
えていましたが、はっきりとした答えは見つからずにいました。しかし、ボ
ランティアをしたことで、どんな人も、どんな仕事もきっとどこか誰かの役
に立っているのだと気づかされました。その中で私は、食という、なくては
ならないものをテーマとして就職活動を行い、現在のスーパーマーケットに
就職を決めました。始まりやきっかけは人それぞれですが、私はボラセンと
出会い、コーディネーターさんたちと出会い、仲間と出会い、そして今の会
社と出会いました。今は、仕事が忙しくなかなかボランティアと関われてお
りませんが、最近は林業や海などの自然に関わるボランティアに興味をもっ
ています。これからもボランティアと関わりをもっていけたらと思います。

■ボラセンの関わり　　　　　　　　　　　　　（コーディネーター丸山）
　「防犯パトロールチームSTOP!」立ち上げのきっかけとなったのは、埼玉

県警察（以下、県警）の方がボランティア募集のためご来校くださった際の、「防犯パトロールを担う学生ボランティア団体を立ち上げてみませんか？」という声がけでした。そこでまずは、警察官志望の学生や防犯活動に関心のある学生を募って、県警の方から防犯に関するお話を聞かせていただく場を設けました。お話を受けて、学生たちのやる気に火がつき、吉田さんを中心にボランティア団体発足に向けて準備を進めていきました。発足式には、県警、上尾警察署の方がご出席くださり、本物のパトカーが見守るなか、出発式を行うことができました。

　吉田さん自身も、この活動をきっかけにさまざまなボランティアにチャレンジし、学業のモチベーションも上がっていたのが印象的でした。

3 【座談会】ボランティア活動でぶつかった壁、その先にあるもの
（2022年6月7日、Zoomによるオンライン開催）

　「ボランティアは楽しいことだけではない！　大変さも含めてその魅力をちゃんと伝えたい！」。この座談会は、そんな松本さんの思いから始まりました。ここでは、第Ⅱ章のテーマ「学生ボランティアの可能性」について、掘り下げて考えていきます。特に「ボランティア活動でぶつかった壁」「活動を通した葛藤」に焦点をあてながら、「その壁や葛藤をどのように乗り越えていったのか」「ボラセンはどのようにサポートしていたのか」「壁や困難を乗り越えたことによる自分自身の変化や成長」について、現役学生・卒業生の率直な言葉をお届けします。

　　進行：松本一帆（こども心理学科2021年卒、元学生ボランティア団体
　　　　STEP.代表、サポメン）
　　×菊池祐太郎（欧米文化学科2015年卒、元SAVE代表、サポメン）
　　×玉之内菖（心理福祉学科2022年卒、元SAVE代表、サポメン）
　　×山口美南（心理福祉学科2年、リアス副代表、サポメン）

▶ボランティア活動に関わったきっかけ

松本：1年生の夏にSTEP.の活動で仙台の子どもたちと遊ぶプログラムが最初のボランティアでした。実際に活動してボランティア＝堅苦しいというイメージが一気に取り払われ、自分も楽しみながら地域の方々も楽しめる活動っていいなと思いました。仙台で活動するうちに防災にも関心をもつようになり、現地に行って学んだことを地元埼玉で発信したいと思い防災講座にも力を入れるようになりました。今は社会人になり、東北に行くことが難しくなってしまいました。コロナの影響もあり、学生ボランティアの皆さんも苦労していると思いますが、私も何かアクションを起こしたいと常々思っています。

菊池：2015年卒業生の菊池祐太郎です。ボランティアには2年生の夏から関わるようになりました。出身が宮城県なので震災のニュースなどを見て気になってはいましたが、震災直後は現地に行くきっかけがありませんでした。そんな時に、大学でスタディツアーのチラシを目にして参加しました。初めて行ったときは、震災の爪痕が残っているのを見て、自分も何か力になりたいと思い、SAVEに所属しました。卒業後はボランティア活動がきっかけで、岩手県釜石市にある旅館「宝来館」で働いたこともありました。今は、福祉関連の会社で就労移行に関わっています。学生時代でボランティア活動はやり切ったと感じています。

玉之内：2022年卒業生の玉之内莒です。在学中はSAVEの代表を務めるほか、防災活動にも取り組んでいました。大学で何かチャレンジしようと思いボラセンに行ったのが、ボランティアを始めるきっかけとなりました。コーディネーターからSAVEを紹介されてツアーに参加し、その後、所属しました。在学中ボランティアに熱心に取り組んだので、大学院に進んだ今は活動量を抑えています。

山口：現役2年生の山口美南です。リアスの副代表を務めています。高校時代の部活の顧問が地域とのつながりがたくさんある方で、その顧問

を通じて聴覚障がい者の大会の手伝いをしてほしいと声がかかり、活動に参加しました。その時にボランティアを通じていろいろな方とつながれることがいいなと思い、大学でも取り組もうと決めました。SAVEに入りたいと思いボラセンで相談すると、「SAVEは休止したけれど、復興支援に関心のある学生たちが集まって活動を始めている」と聞き、それで参加した活動が、のちにリアスとなりました。

▶ボランティア活動でぶつかった壁とその乗り越え方

松本：団体に所属して複数人で活動するなかで葛藤を抱えることがあると思います。そういった壁にぶつかったとき、どう乗り越えましたか？

玉之内：SAVEと防災戦隊マモルンジャーの代表になったタイミングで、コロナが蔓延し、思うように活動できないという葛藤を抱えました。SAVEは葛藤を乗り越えられなかったので休止になりましたが、マモルンジャーは1年間の休止を経て後輩たちに引き継がれました。

菊池：メンバーのモチベーションの差に悩みました。当時はどんな活動をするのか、それぞれがどのような役割を担うのかといった交通整理がされていませんでした。ミーティングに出席しないメンバーがいたり、逆に自分自身が先走ってしまったり、その結果メンバー間の溝が深まってしまったことが一番悩んだところになります。

松本：SAVEは人数も多く運営も大変だったと思います。また、代表をやっているとどうしても熱があふれ出してしまうことがありますよね。

菊池：私が代表になったタイミングで所属していたメンバーは10人ぐらいでしたが、新歓やスタディツアーの度にメンバーが増えていきました。ミーティングを開いても自分だけ話しているだけで、周りが全くリアクションしてくれないなと思っていたら、10人しかミーティングに来なくなりました。バイトや他の活動をしているとだんだん優先順位が低くなっていくのかな、と思いました。このままじゃいけない、何か変えないといけないと思い、SAVEと並行でインカレでも活動し、

その仲間に刺激を受けるようになりました。ボラセンのコーディネーターにもミーティング方法やプロジェクト運営等を相談した結果、徐々に交通整理ができるようになりました。しかし、集まるメンバーが急に増えることはなく、少ない状況が続いていましたが、冬のスタディツアーのときに、「ついてきてくれて本当にうれしかった」という自分の素直な気持ちをメンバーに伝えたところ、感謝の気持ちが伝わり、引継ぎもスムーズに行うことができました。

松本：思いは人を動かすことがわかりますね。

山口：1年生の時から活動しているものの、コロナの影響で対面で活動したことがありません。メンバーは、「現地から配信できるといいね」と話していますが、いまだに対面で活動できていないということに悩んでいます。ほかにも、菊池さんと同じくメンバーの数に対してミーティングの参加数が少ないという悩みを抱えています。

松本：どの団体も活動メンバーの固定化や、モチベーションに差があることは共通点ですね。

私も4年生の時にコロナが蔓延し、最後の1年は通学することがありませんでした。4年生は自由に使える時間が一番あったけれど、現地に行くことができず、ボランティアのイベントもオンラインで実施しました。Withコロナ世代の学生たちがどのようにオンラインで活動していくのかが、これからの課題だなと思います。

私自身が壁を感じたのは、2年生で活動を引き継いで代表になったときです。いざ代表となり、メンバーのまとめ方やミーティングの進め方も全くわからないままの手探り状態でした。そこで団体運営を学びたいと思い、全国の学生ボランティアが集まるフォーラムに参加しました。他団体の活動内容や運営についての知識を得て、それらを自分の団体に持ち帰り、メンバーの役割分担や定期的にミーティングを開いて情報共有をする時間を取り入れました。皆さんと同じように、メンバーのモチベーションの差や、ミーティングの出席率の悪さに悩

みもしましたが、何よりメンバー一人ひとりがアクションできる場所をつくりたい、という気持ちがありました。

▶ボランティア活動を通した葛藤と成長

松本：悩んで葛藤したからこそ成長できたというエピソードはありますか？
　　　私の場合は、代表を引き継いでから、何をやればよいかわからなかったので、まずは全国の学生が集まるフォーラムに参加することから始めました。そこで団体が抱える課題を話したところ、まわりの人が「私も、私も」と共感してくれて、「あ、みんな同じ悩みを抱えているんだ」と思えたのが救いになりました。あとは、方法は得たけれど実際どう活動しようかと悩んだのですが、とにかくメンバーに声をかけ続けました。その経験があったからこそ、行動的でどこにでも飛び込んでいけるようになれたのかなと思います。もともと私は、チャレンジすることが面倒くさいと思ってしまう人でしたが、意外とやってみたら楽しいんだなとわかりました。いろいろなところに行って、たくさんの人に会って話をする楽しさを、悩んだからこそ体験できたと思っています。

菊池：私は独りよがりなところがあり、自分を中心に物事を考えて、やりたいと思ったら一人で突っ走ってしまう癖がありました。ボランティア活動を通じて、活動を共にする仲間、被災地の方々がどうしたら喜んでくれるかというように、関わる人のことを想って物事を考えられるようになりました。ボランティア活動を通じて少しは成長を感じますし、社会人になってあらためて、そういった考え方の大切さに気づくことができました。社会に出る前に、相手を想って行動できるようになってよかったと思います。

玉之内：4年間毎日悩まなかった日がないくらい悩んでいたかと思います。ボラセンに毎日のように通った記憶があります。人との価値観の違いに悩んだり、自分の言葉で語ることが苦手だったので、人前で話すと

きに苦労しました。自分の思っていることを自分の言葉で話すという練習をボラセンでたくさんしました。今は大学院に通っていて、ディスカッションやプレゼンテーションをすることが多いのですが、当時苦労したおかげで、思うように人前で話せるようになりました。

▶ボラセンの関わり

松本：活動する上でボラセンとはどんな関わりがありましたか？

山口：よくミーティングでお世話になっています。活動を応援してくれたり、不安に思っていることを伝えたときにフォローしてくれたり、迷ったときにヒントをちらつかせてくれたり、一緒に活動を盛り上げてくれる温かい存在です。

玉之内：複雑なやり取りのときに話の仲介をしてくれたり、メンバーの特徴をつかんでアドバイスしてくれたり、代表としては助かりました。

松本：一人ひとりをよく見てくれていますよね。

菊池：愚痴を聞いてくれたのは助かった。うまくいかないことを誰かに聞いてほしいとき、その誰かがコーディネーターでした。聞き上手なのでとても助かりました。相談する前に自分の中で答えはもっているけれど決断できないとき、背中を押してくれた存在でもありました。

松本：コーディネーターは、友達でもなく教員でもない、不思議な中間の存在でした。やりたいことを肯定してくれて、いろいろな角度からサポートしてくれるし、どんな話も聞いてくれる。それがモチベーション維持につながっていたのかなと思います。そして、問題が発生したときに助けを求めに行くと、「どうした？どうした？」とニヤリとしながらも必死に関わってくれたのはありがたかったです。（笑）

▶ボラセンの関わりで困ったこと・課題

松本：逆に、ボラセンとの関わりで困ったことや、課題に感じていることはありますか？

山口：なぜボランティアが増えないのかという話題になったとき、窓口に行くと一斉にコーディネーターさんがキラキラした目で見てくるので入りづらい、という意見が出ていました。（笑）

松本：初めての人に、あのキラキラな目はまぶしすぎるのかもしれないですね。玉之内さんはどうでしたか？

玉之内：ボラセンに入ると、やらないという選択肢がなくなりますよね。「できません」と言えない雰囲気がありますよね。（笑）

松本：優しいけれど、「YESかはい、で答えてください」と言われている雰囲気があります。

▶学生ボランティアと読者へのメッセージ

松本：最後に、現在学生ボランティアとして活動している人へのメッセージをお願いします。ボランティア活動をしてみてどんな変化があったかについても触れていただけるとうれしいです。

菊池：学生のうちは失敗しても何度でもやり直せるので、やりたいことをやればいいと思います。楽しくなければやめてもいいし。深刻に考えずに、楽しみながら活動してほしいです。私の場合、ボランティアは進路にも影響しました。自分自身、大学に入学するまでは、何かしたいけれど何もできない自分がいて、ボランティアに関わることで自分自身が周囲から認められるようになりました。たくさんの方に褒めていただいて、自信をつけることができた時間にもなりました。成功体験を積みやすい環境をボラセンがサポートしてくれたのも大きいです。

玉之内：大学生は時間があるので、その間に無茶をすることと、目立つことかなと思います。（笑）学生だと無茶しても許されるし、目立つって気持ちがいいじゃないですか。散々私は目立ってきました。目立つことで、自信がつきました。多少は無茶して、目立ってみると人生面白い方向に行くのかなと思います。

山口：活動している身としては、仲間が欲しいです。現在、複数のボランティ

ア団体に所属しているのですが、先輩や新入生はいても同学年が少なくて。私もボランティア活動が自信をつけてくれたと思っています。もともと自信もなく消極的で、小さい時にミスしたことがきっかけで、人前で話すことがとても苦手でした。ボランティア活動はいろいろな年齢層の方と話す機会が多いので、自然と話すことに慣れていくと思います。最近は、「楽しそうだね」と周りの人が言ってくれて、それを感じ取ってくれるのがとてもうれしいです。

松本：自信がつくのは共通ですかね。自信がつけば他のことに挑戦していく力にもなって、それが自分の成長にもつながっていくということを私自身も実感しています。社会人になり、学生ってこんなにも時間に余裕があったんだな、もっといろいろやっておけばよかったなと思いました。なので、やりたいことをやってほしいし、何かに集中して一直線に取り組むのもよいのかなと思います。ただ、学業が本業なので、沼にはまりすぎないことが大事かなと思います。ボランティアは、真面目や堅苦しいイメージをもたれがちですが、自分も楽しんでいいということを、まだボランティア活動を始めてない人には伝えたいです。やりたいことで相手も自分も楽しめる活動は、いい時間になると思います。まだ一歩を踏み出せていない人がこれを読んで一歩を踏み出してくれたらうれしいです。

座談会を受けて

　学生が真剣にボランティアに取り組んだ際にぶつかる壁やその壁をどのように越えてゆくのか、壁を乗り越えた先にある達成感や自信について率直な言葉で語っていただきました。世代は別々でも、リーダー学生たちが抱える悩みは共通点も多いようです。ボラセンの課題については、どこまで改善できるかわかりませんが、今後の私たちの宿題にさせていただきます。

（川田虎男）

■コラム■　外からみた聖学院大学ボランティア＆ボラセン─③

いろいろと「厚い」んです

開澤裕美（中央大学ボランティアセンター）

　聖学院大学ボランティア活動支援センター関係者の皆さま、開設10周年、誠におめでとうございます！　この記念すべき書籍においてコラムでの登場、光栄に存じます。コラムらしく、少し砕けた文章で走らせていただきます。

　聖学院大学のボラセンについて、私が感じている特徴はズバリ２つあります。まずは１つ目「手厚い」。それは、聖学院大学の特長としてボランティア支援を全面に出されていること（魚のボラでボランティアを表現されているユーモアさ、好きです！）や、学内でのボランティアの力に入れ方に、私はいつも驚きを隠せません。２つ目は「層が厚い」。これは、専門職であるコーディネーターの層が厚いということです。学生一人ひとりの目線に立ち、ボランティア活動を通じて多様な社会を学び、羽ばたいていけるようにさまざまな工夫をされていることが、外からも感じられます。また、ボランティア活動の魅力を大学にとどまらず広く社会へ発信されたり、コーディネーターの専門性の向上を目指し、共に勉強会を主催するなど、本当に熱心に活動されていて、同志である皆さんを心から尊敬しています。

　ということで、今回は「厚い」シリーズで揃えてみました。情にも厚い聖学院大学のコーディネーターの皆さんと共に私も邁進していきたいと思います。これからも聖学院大学のボランティア活動、ならびにセンターの発展を心から願っております。

■コラム■　外からみた聖学院大学ボランティア＆ボラセン―④

20年以上続く学生主体の熱いスピリッツ

熊谷紀良（東京ボランティア・市民活動センター）

　聖学院大学の皆さんとは、2001年の学生有志による「ボランティア活動掲示板」（31ページ参照）の設置からお付き合いをさせていただいています。当時、東京ボランティア・市民活動センターの主催する大学ボランティア支援連絡会や学生ボランティアを支援するグループのつながり「SVネット」などのネットワークに参加されていましたが、ボランティア活動を支援する学生独自のグループとして、聖学院の皆さんはユニークで貴重な存在でした。

　縁あって私も聖学院で「ボランティア論」を担当させていただきましたが、講義が終わると、「掲示板」のグループに参加している学生が教壇に走り寄ってきて、「こんなボランティア活動はありますか」とか、「学生同士で交流するためのテーマや、アイスブレイクのネタ」について熱心に相談されたりしました。

　ボランティア掲示板からの夢であった「ボランティアセンター」になったことをお聞きして、とてもうれしかったことを覚えています。

　新型コロナ感染拡大時においても、大変な状況にある学生自身の「何かしたい」という想いと、学生ならではのアイディアと、こんな時でも面白くやろうという気持ちが生かされて、このような時にもできる、このような時だからできるオンラインなどでのユニークで積極的な取り組みを進められてきました。連絡会で「こんなことをしてきました」という発表を聞いて、ネットワーク当時にお互い発していた、「いいねー！」「スゴーい！」という言葉を思い出しながら、心の中でつぶやいていました（笑）。

　学生が主体となって、アツく、時には斬新なアイディアを出しながらつくっていく。そしてそれが大学の中で浸透していく…。聖学院のボランティア活動支援には、そんなスピリッツが込められているのではないかと思っています。

　これからもスピリッツとともに、元気で面白い活動が広がりますように！

第Ⅲ章
学生ボランティアと地域

1 地域にとってのボランティア

1.1 少子高齢化に伴う地域の課題

　「地域とは何ですか」とあらためて聞かれると、一瞬、答えに詰まることはありませんか。地域は、日常的に深く考えずに使うことばの一つです。人によってイメージや重視する内容が違うかもしれませんが、地域は、場所や、あるまとまった広がりという空間をイメージする人が多いと思います。

　地域の構成要素として、社会、経済、環境があり、相互に深く関係しあっています。いずれかの要素が良くなれば、他の要素も良くなり、その逆もあります。地域には、歴史や風土に基づいたそれぞれの特徴があり、3つの要素は地域によって様相が異なります。地域の3要素を持続させるには、それぞれを健全に保つ必要があります。

　学生が地域と関係をもつとしたら、主に地域社会になります。地域社会が直面しているトレンドは、少子高齢化、すなわち、人口減少です。日本全体で人口が減少していますので、人口を維持すること、ましてや増やすことは至難の業です。もう一つのトレンドは、インターネットの発展により、SNSなどを通じての人のつながりが増え、リアル空間でのつながりが弱まっていることです。そのため、地域への関心も弱まり、地域での人間関係が希薄化しつつあります。このことは、人口減少とあいまって、地域活動の担い手不足をもたらしています。

1.2　地域からみた学生の特質

　地域社会を構成しているのは主に住民です。住民の中には域外で働き、朝晩と週末のみ地域で過ごす人が多くいます。一方、買い物、レジャー、学習などのため、昼間、地域で過ごす人もいます。いわゆる昼間市民です。市民活動推進やまちづくり関係の条例で「市民」を定義する際に、この昼間市民を入れる場合が多いのです。学生は、その昼間市民の一角を占めています。

　近年、少子高齢化が進み、まちから若者の姿が減っています。大学などの高等教育機関のない地方では、高校を卒業すると域外に転出する若者が多いため、都市部よりも若者の比率が低くなっています。都市部であっても、住宅開発からある程度時間が経過した地区では、子世代が巣立ち、老夫婦のみの世帯が多くなり、若者の姿が極端に減っています。

　学生を含めた若者の姿を見ないことにより、一抹の寂しさを感じるのではないでしょうか。逆に、若者がいるだけで地域の雰囲気が変わるのではないでしょうか。若者自身は認識していないでしょうが、少子高齢社会において若者の存在が一層貴重になるはずです。

1.3　地域と学生との関係

　学生は地域、特に、地域社会に影響を及ぼします。全てが良い影響とは限りません。時には、ごみのポイ捨てや騒音などの迷惑行為により地域に悪い影響も与えます。若気の至りで無茶をしたり、迷惑を考えずに行動したりします。多少のことを大目に見るという、地域の包容力が求められます。自分たちも若い時はそうであったことを振り返る必要があります。若者は、無茶や迷惑行為なども通して、社会経験を積み重ねていきます。ただし、許容範囲を越えた場合は、地域の人が注意したり、叱ることも必要でしょう。学生は若者の一部ですが、働いている若者と比べ、異世代との交流を含め、社会経験が不足しています。このことも、地域社会は理解する必要があります。

　また、学生は数年で入れ替わります。地域に長く関わることはごくまれですが、毎年、フレッシュな新入生が誕生します。

　以前の地域社会には、お祭りという、青少年にとって地域デビューの機会が用意されていました。踊りやお囃子の練習などを通して、地域のおじさん、おばさん、お兄さん、お姉さんと知り合い、地域のことを学び、自分も地域の一員という意識を強めていきました。地域との関係を深め、地域の担い手になっていきました。

　地方にはこのような機会が残っていますが、都市部にはほとんどありません。お祭りがあっても、担い手ではなく観客としての参加が一般的です。これも、異世代と接する機会を少なくする一因となっています。また、大学生になると行動範囲が広がり、居住地で過ごす時間が短くなるとともに、居住地との関係が一層弱まります。地元に対する愛着もわきません。地域の一員という意識が薄いか全くなく、地域と関わる必要性を感じなかったり、関わっても何も変わらないと思ったりします。地域に対してお客さん意識をもちがちです。つまり、地域を良くするのは自分ではないと。

　学生街が形成されていない大学に通う学生にとって、大学の周辺地域は単なる通過する場所です。何ら関心ももたず、ただ通り過ぎるだけです。

　まちづくりの担い手は、若者、よそ者、ばか者とよくいわれます。これらに、「ほら吹き」（実現が難しいと思われる夢を語る人）を追加した人もいます。これらの人に共通することは、地域とのしがらみがないか弱く、自分の思いをためらうことなく行動に移すことです。学生は若者であり、よそ者です。学生は知識や経験が乏しいですが、時には、一つのことに一生懸命になる、いい意味での「ばか者」です。要するに、地域が学生を受け入れれば、学生も重要なまちづくりの担い手になります。

1.4　地域にとっての学生ボランティア

　地域にとっての学生ボランティアは、まず、その存在が地域を元気にしま

す。生き生きと活動をする姿を見ることは気持ちの良いことです。学生の人生はこれからですので、頼もしく思ったり、地域の将来に希望を感じるのではないでしょうか。本章2節の地域側からのレポートの中に、「子育ての当事者ではない学生が、虐待に向かいやすい子育ての状況を理解して、自分のこととして伝えてくれたのです。そのような若者がいる地域になるという、すごいことだったと思います」（2-1：鈴木）という声もあります。

　次に、地域住民に若者と接する機会をもたらします。学生が頑張るのであれば、自分も頑張ろうという人も、学生を応援したくなる人もいるでしょう。このように、学生の地域での活動は、停滞している地域社会を活性化させるきっかけになりえます。東日本大震災の被災地からのレポートにある、「学生たちと笑顔で遊ぶ子どもの姿に、保護者や周囲の大人たちも元気をもらいました」（2-2：市川）というように、学生が地域社会の復興の触媒的役割を果たすこともあります。

　学生との交わりの中で、学生から新しい視点や発想がもたらされます。従来のものとは異なるので、はじめは、地域社会は拒絶しようとするかもしれませんが、冷静に考えると「良い考えだ」「面白い」ということが多々あります。同じメンバーで地域活動を行うと、どうしても惰性になり、マンネリになりがちですが、学生のアイディアはそれを防ぎます。学生自身が新しいアイディアを出さなくても、学生たちと話すことによって、気持ちが若くなり新しいことを思いつくかもしれません。

　学生たちのアイディアには情報通信技術に基づくものもあります。それらの技術の進歩は目覚ましく、一般の大人にとっては難しいですが、学生は比較的簡単にキャッチアップします。学生は、そのような情報や技術を地域社会に提供してくれます。例えば、学生が制作したオンラインプログラムは、画面越しのやりとりがテンポよく、すごい力量だという評価を得たこともあります（2-1：鈴木）。また、SNSでの情報発信のセンスも学生にはかないません。さらに加えて、参加型授業の増加に伴い、ディスカッション、意見集約、発表などに関する知識やテクニックを身につけた学生もいます。学生

は、これらの使い道を熟知しているとは限らず、地域にとって大いに役立つと知ると、喜んで自分たちの知識を提供する可能性があります。

　また、地域の担い手不足のなか、学生の参加はマンパワーの確保になります。学生の馬力が、これまでできなかったことを実現させるということもありえます。ただし、学生を単なる無償のマンパワーとみなすと、学生もそれを感じ取り、一回限りの関わりで終わってしまいます。地域社会としては、学生にとってのボランティア活動の意義を明らかにし、それを学生に伝えることが求められます。

1.5　学生にとっての地域ボランティア

　学生にとって、地域ボランティアでは、一般的なボランティアと同様に、社会に受け入れられた、役に立ったという自己肯定感や達成感が得られます。それらが、居住地や大学周辺など日常的に過ごす場所で得られます。地域との関係ができ、地域に対する愛着や誇りも生まれ強まります。さらには、本章3節で取り上げている地域との協働実践例の一つである、上尾市の外国人住民向けに発行されているニューズレターの翻訳を通じて、自分の住む地域社会にも目を向けるなど、地域貢献意識の広がりがうかがえたという報告（3-2：岡村・グエン）もあります。

　時には、自分の不足している点や欠点に気がつき、克服しようとするきっかけになるかもしれません。いずれにせよ、学生の成長につながります。

　地域ボランティアは、学生が実社会を知る非常に大切な機会です。本を読んだり授業を聞いたりするだけでは、実際の社会はわかりません。人とのリアルな交わりなどを通して、学生は実社会を学ぶことができます。釜石市の「キッズかけっこ教室」の協働実践例では、学生たちは教える楽しさ難しさを感じたり、子どもの喜ぶ様子から陸上競技の魅力を再確認したりしています（3-1：島村）。このような経験は、卒業後の進路選択や就職活動だけではなく、その後の人生を豊かにすることに役立ちます。

　学生が交わるのは、自分とは異なる世代です。核家族が一般的で、なおかつ、父親との会話も少ない学生にとっては、大人と接する貴重な機会が得られます。はじめは、どのように接し、どのような言葉を使ったらよいのか戸惑うかもしれませんが、やがてコツをつかみます。

　また、活動を通して、社会にはさまざまな人がいることを実感できます。そして、多様な視点やその多様性を生み出す要因を理解し、自分を客観視できるようになります。

　このように、学生のボランティア活動は、地域にとっても学生にとっても良い効果をもたらします。それは、本章4節の地域で活動している方と卒業生・在校生による座談会「地域も学生もともに成長」のことばの端々からうかがうことができます。

　地域の課題と学生の思いをマッチさせ、双方の関係がWin-Winになるような工夫が必要です。このようなことを双方に説明し、働きかけることはボランティアコーディネーターの重要な役割の一つです。

2 ｜ 地域にとっての学生ボランティア

　ここでは、学生ボランティアを受け入れ、学生と共に地域の課題解決や災害復興に向けて活動しているNPO法人や地域の方から寄せられたレポートをご紹介します。

2-1　地域の親子と共に生きる学生へ

鈴木玲子（認定NPO法人彩の子ネットワーク共同代表）

　私たちは、聖学院大学の学生と一緒に、小さな子どもたちとの楽しい時間をつくったり、子育て中の母親が抱えやすい孤立や虐待といった問題への解

決に向けて活動を行ってきました。学生たちは、大学の学びとともに、地域の活動に触れることで、社会の課題を捉えていきました。ボランティア活動支援センターのコーディネーターたちは、一人ひとりの興味のもち方や生活の様子などに合わせて、落ち着いて取り組んでいけるように、また、勇気をもって発言できるようにと、温かく見守ったり励ましたりしたのだと思います。自分で何かに取り組んでみて、自分なりの人生を生きるように育っていった学生の顔が浮かんできます。

　NPO法人彩の子ネットワークは、子育てしている母親たちが、自分たちに必要な場や関係を自分たちでつくる活動をしています。その一つに、1万人の来場者がある「こども夢未来フェスティバル」を毎年3月に開いています。子どもを人の関わりの中で育てていきたいという願いから、さまざまな分野の活動団体や企業にも実行委員会への参加を呼びかけて開催しています。聖学院大学からは、サークル「Heart & Smile」が、毎年参加しています。子どもたちと遊ぶ、楽しいプログラムを考えて準備して、当日、来場した親子に声をかけつつ場を運営します。実行委員会では他の団体や企業の話を聞いたり、自分たちのブースの紹介をしたり…。自分たちのブースで活動紹介をするには、仲間たちとの相談ができていないと紹介できません。1人ではできないことをやる体験になっているのだと思います。

　NPO法人彩の子ネットワークでは、日常的に「上尾市つどいの広場あそぼうよ」と、「さいたま市子育て支援センターみぬま」の2つの子育て支援拠点を運営しています。これらの場所で、ボランティア活動として、また、サービスラーニングの授業の一環として、赤ちゃんや子どもたちと触れ合う体験をした学生もいました。どちらの施設も、生後1か月から3歳未満の親子が対象です。今、赤ちゃんや小さな子どもたちと出会ったことがない学生がほとんどです。子どもたちとどう付き合ったらいいか、戸惑いながらも、とにかく、いてみることから始めます。そうした時間があった先に、子どもから話しかけてもらえたり、「遊ぼう！」と誘われたり、笑いかけてもらえるなど、信頼される体験は、何にも代えがたいことのように思います。はっ

きりと子どもに信頼された瞬間をもてたことで、みるみるうちに花開いていった学生がいたのがとても印象的でした。

　子ども虐待の問題に、一緒に取り組んだことがありました。NPO法人彩の子ネットワークでは、3歳の子を虐待死させてしまった事件を報道で知り、自分の日々の子育ての続きにあると思った母親が、安心して自分の気持ちを話せる「子育てサロン」の場をつくるまでのドキュメンタリー映像をつくったことがあります。そのDVDを学生と母親たちで一緒に視聴した後に意見交換をしました。学生の中には、親との関係がうまくいっていない人もいました。母親たちから、自分が若かった時にとんがっていた思い出話を聞くことができました。そのような意見交換をした後、学生たちは、虐待してしまった母親のことを非難するだけではダメなんだという気づきをもちました。そのことを学園祭で他の学生たちに伝えたり、最後には、児童虐待防止に取り組む「学生によるオレンジリボン運動全国大会」で堂々と発表しました。子育ての当事者ではない学生が、虐待に向かいやすい子育ての状況を理解して、自分のこととして伝えてくれたのです。そのような若者がいる地域になるという、すごいことだったと思います。

　2020年度、2021年度は、コロナ禍となって、子育て支援施設も休館になる数か月が何回もありました。立ち合いや面会もできない出産から始まる子育て、実家との行き来もできにくく、さらに孤立してしまう子育ての状況です。私たちが運営する「あそぼうよ」、「みぬま」では、いち早く、これまで実施していたプログラムをオンラインで自宅から参加できるようにしました。そこに、聖学院大学の学生たちも、オンラインプログラムを企画して参加するようになりました。学生同士も対面で会合をもてないなかでも、何人かで相談してつくっているのだと思います。プログラムのテーマ設定、内容、構成を考え、画面をデザインし、進行役などの役割分担も行い、1つの番組につくったものです。子どもたちと画面越しのやりとりがテンポよく、楽しく親子で参加できます。すごい力量だなあと思います。また、塗り絵をつくったり、クリスマスには、折り紙リースをプレゼントしたり。互いに、できる

ことは最大限やってみたのではないかと思います。「こども夢未来フェスティバル2022」でも、2グループがオンラインで参加しました。

2021年度は、ゼミの授業として、シングルマザーの状況や気持ちを知ることが大切だと考えた学生から講義依頼を受け、話をする機会をもらったりしました。

2022年度は、サービスラーニングが再開されます。今、「あそぼうよ」、「みぬま」は、予約制で少ない組数の来館で、コロナ以前のように濃厚な関わり合いができるまでには戻っていない現状です。けれども、親子に直接会う機会が再開されるため、この2年間とは全く違う体験ができます。

聖学院大学ボランティア活動支援センターが発足して10年、こんなふうに一緒に活動したことを振り返って、学生や教職員の方々との出会いに感謝の気持ちでいっぱいです。ここから先もどんなことができるかなと、共に探していきたいと思います。

2-2　復興の歩みの伴走者：釜石と学生ボランティアの10年

市川淳子（釜石市鵜住居地区主任児童委員・元釜石市教育委員）

聖学院大学の学生による釜石へのボランティア活動は、震災発生の2011年のクリスマス支援からずっと続いています。その翌年に、ボランティア活動支援センターが開設されてから10年の節目を迎えたことに際し、深く感謝するとともに、たくさんの想い出が込み上げてきます。

応急仮設住宅へ入居して、初めて迎えるクリスマス。子どもたちは、物資ではないプレゼントを学生サンタからもらうことができました。キリスト教の精神を学びの基本としている聖学院大学ならではの支援でした。

また、児童学科や子ども心理学科など、子どもに携わる学科で学んでいる学生との関わりは、トラウマや不安を抱えた子どもたちの心を柔らかく解きほぐす心のケアになっていきました。

　その当時、大学が作成した冊子『子どもの心にそっと寄り添う──被災地の子どものケア』をいただきました。冊子には、子どもたちの現状と心のケアの重要性が、専門的視点でわかりやすく書かれていました。被災地の子どもたちとの関わり方を丁寧に示すガイドブックのような内容に、「この大学の支援になら、釜石の子どもたちを委ねられる」と安堵し、私も学生の活動に参加するようになっていきました。

　学生たちと笑顔で遊ぶ子どもの姿に、保護者や周囲の大人たちも元気をもらいました。被災地は、子どもだけではなく、同じように心のケアを必要とした大人たちがたくさんいたのでした。

　私自身も被災者になって、初めて支援を受ける立場になった戸惑いが大きく、学生たちとどのように関わっていけばよいかわかりませんでした。何より、支援をできるだけ多くの人へ、後世に橋渡しができるかという難しさもあったため、公民館（生活応援センター）が窓口になるように、大学と行政をつなぎました。

　それから、ボランティア活動支援センターとの連携が深まり、2014年1月に大学と釜石市との連携協定が締結されたのでした。

　学生の支援活動で、一番特徴的だったことは、ボランティア活動の実践前に、代表の学生数名が下見を兼ねて釜石を訪れ、保健師を中心にした公民館の職員や地域住民との打ち合わせを行っていたことです。

　復旧・復興に伴って、常に変化していく被災地の現状や課題を自分の目と耳で把握した後、活動の企画内容を見直しながら練り上げたり、配慮事項を確認したりという事前の学習（準備）が、しっかり行われていたのでした。このような学生の主体的な取り組みがあったからこそ、ボランティア活動が地域に根づいていったのだと思います。

　聖学院大学だけにしかない学びとして、「釜石学」が2015年に開講されました。「そんな講義が、本当に行われているのか」と半信半疑でしたが、2019年に釜石で「釜石学」が開講され、私も受講しました。

　地域を歴史・文化・経済・環境など、さまざまな角度から研究する学問で、

私たちの知らなかった釜石を知ることができた講義でした。後半は、学生と参加住民が一緒に釜石についてを語る楽しい時間でした。引きこもりがちといわれていた高齢世代の方々が、時間を忘れて談笑する姿が印象的でした。

　単に被災地という見方だけでなく、多面的な視点で、釜石という地域を理解しよう、支援しようとする学生の姿勢は、住民の心に浸透していきました。

　やがて、地域から学生へ、さまざまな要望も出てくるようになりました。支援されるだけでなく、一緒に交流を楽しんだり、一緒に作業や活動を行う関係性に変わっていったのです。

　そのなかでも、釜石の未来を担う若者（高校生）への支援は、被災地の希望になっています。「コミュニティサービスラーニング釜石プロジェクト」と大学で題された支援では、釜石の高校生と一緒に「防災講座」と「キャリア教育」が、企画・実施されました。地元の高校生の思いだけではできない「やってみたい」が、大学生のサポートを受けながら実現化できたのです。

　自分の震災体験を紙芝居にして伝承する企画、防災クイズで防災意識を高めようとする企画、津波防災教育を市内全域の学校で等しく学ぶ重要性の訴え、実践的なキャリア教育を中学生から学ぶ必然性の訴え、などです。

　これらの思いを抱いた地元の高校生が、地域のために、次の世代（震災を知らない世代）のために動き始めたのです。大学生が釜石の高校生と、対面やオンラインで何度も話し合い、実現化させるための難しさを一緒に考え、助言・協力を模索する支援でした。

　学生による被災住民の心のケアを中心にしたボランティア活動は、地域の復興支援へ携わる活動（地域との協働）へ、転換していきました。学生の活気あふれる支援、新たな視点による支援、柔軟な対応の支援は、釜石にとって、無くてはならない存在になっています。

　先輩から後輩へ、釜石へ寄り添い続けた思いが、ボランティア活動支援センターを拠点に引き継がれています。長引く新型コロナウイルスの影響のなかでも、オンラインボランティア活動として継続されていることと、私たちの震災体験と防災の教訓が、震災学習によって風化することなく広まり続け

ていることに頭が下がります。

　学生時代に体験した被災地でのボランティア活動は、皆さんの将来におい
て限りない可能性を生み出す鍵になると思っています。活動を通して自分た
ちが果たした役割や成果が、さまざまな困難な出来事や有事が起きたときの
参考事例となって、より適した早い支援に結びつき、地域を担う先駆者にな
れると信じています。

　今も私たちは、「助けられる人から、助ける人に」なれるよう、長い復興の
道のりを歩んでいます。これからも、私たちの復興の歩みの伴走者として、
聖学院大学と釜石市が関わり続けていけるよう、感謝とともに願っています。

3 ｜ 地域との協働実践

　学生が地域で活動する機会は、個人やボランティア団体に所属する以外に
もあります。クラブ活動の延長で、自分たちの特技を活かした活動や、学内
の組織や教員が連携し、学生の力を活かす活動があります。ここでは、地域
との協働実践例を大学側からご紹介します。

3-1　岩手県釜石市「キッズかけっこ教室」

島村宣生（聖学院大学 事務局長／陸上競技部顧問）

　東日本大震災から4年が経過して、岩手県田野畑村にも来訪するボランティ
ア団体が減少し被災地では震災の風化が懸念された2015年4月頃に、「幼稚
園、保育園の園児たちに屋外で運動の楽しさや正しい体の使い方を教えるス
ポーツボランティアができませんか」と田野畑村立田野畑児童館の中里民子
館長、田野畑村立若桐保育園の畠山厚子園長より声をかけていただき始まっ
たのが、「キッズかけっこ教室」でした。キッズかけっこ教室は、聖学院大

学陸上競技部員有志によって、飛躍的に神経系が発達を遂げるプレゴールデンエイジ（5 〜 8 歳）期にある園児を対象に、速く走るコツを楽しく指導するスポーツボランティアとして、田野畑村の両園において 5 年間にわたって実施されました。

　このスポーツボランティアは、サービスラーニングの考え方を基本としたプログラムで構成しており、教える学生自らが主体的に自身のスポーツの経験や技能、知識、指導力などを社会にどう生かせばよいかを考えるとともに、学生がアスリートとして陸上競技に取り組んできた経験を生かした実践的教育機会であり、学生同士で練習メニューを立案し、試行錯誤しながら事前準備を経て訪問の時を迎えます。実際に園児に指導していくなかで、学生たちは教える楽しさ難しさを感じるとともに、「速く走れたことに喜びを爆発させている子どもたちの様子を見て、自分たちが忘れかけていた走る喜びの原点に触れる体験から陸上競技の魅力を再確認した」、「競技者ではなく指導者の面白さに気づいた」など、さまざまな体験報告が学生より寄せられています。

　このようなスポーツボランティアを、当学と連携協定を締結している岩手県釜石市でも実施できないものかと、市川淳子主任児童委員に相談しましたところ、快く仲介の労をとってくださり、釜石市保健福祉部こども課、市民生活部生涯学習文化スポーツ課の協力を得て、「釜石市社会福祉法人　愛泉会かまいしこども園」の菅原章理事長、藤原けいと園長の承諾をいただき、2018年 9 月 1 日に「第 1 回キッズかけっこ教室」を実施しました。釜石市では震災以降、災害仮設住宅建設の影響から子どもたちが遊べる公園が減少しており、運動経験の希薄な子どもたちの対応に苦慮していることもあり、子どもたちが運動に親しむ良い機会になるとの好意的な意見もいただき、9 月 1 日（防災の日）に釜石小学校の校庭や体育館を会場に「キッズかけっこ教室」を実施しました。会場には釜石市役所、幼稚園保育士、園児、保護者が多数集まり、地元新聞社の取材も受けました。2019年にも、「第 2 回キッズかけっこ教室」を実施しました。

　参加した学生たちにとって、子どもの頃テレビで見たことのある東日本大

震災の被災地である釜石に初めて訪問し、スポーツボランティアを通して地域の方々と共に活動し、震災遺構を訪問し、釜石市の方々から震災当時の様子や復興の道のりなど、苦労話を伺うことのできる「キッズかけっこ教室」は、得難いフィールドワークの場です。感想文には被災地の現状や地元の方々から震災当時の話を聞いて命の尊さを学ぶことができたことへの感謝の念がつづられています。「キッズかけっこ教室」は2泊3日の短いスポーツボランティアではありますが、さまざまな学びにあふれており、学生たちに人気があります。2020年度から新型コロナ感染症の流行に伴い実施できない状況が今も続いていますが、コロナ終息後に再開できることを願っています。

3-2　留学生による上尾市『ハローコーナーニュース』のベトナム語翻訳

岡村佳代（聖学院大学留学生センター長）
グエン・ヴァン・アイン（基礎総合教育部）

　2020年度の秋学期、「ベトナム語翻訳講座」がスタートしました。この講座は、上尾市の担当者から、外国人住民向けに発行されているニューズレター『ハローコーナーニュース』（以下、HCN）のベトナム語翻訳版を発行したいというお話をいただいたことがきっかけで始まりました。本学に在籍するベトナム人留学生の能力を活かせる良い機会だと思いましたが、ベトナム語と日本語の両言語ができるとはいえ、翻訳はそう簡単にできるものではありません。ましてや市役所からの公的な情報ですから、正確に翻訳する必要があります。そのため、留学生センターで昼休みに開催していた学習会の一部を「ベトナム語翻訳講座」とし、教員の指導のもとで週2回、翻訳活動を行うことにしました。開講に先立ち、「ベトナム語と日本語が理解できること」を条件として、UNIPA（学生支援ポータルサイト）で広く受講生を募集したところ、初年度は8名のベトナム人留学生からの応募がありました。
　翻訳講座に参加したのは、翻訳経験ゼロの留学生ばかりでしたが、自分た

ちの翻訳が地域のベトナム人住民の役に立つことがわかり、開始当初から意欲的に取り組んでいました。情報を正確に翻訳することの重要性もしっかりと理解し、自信がない箇所については必ず質問をするなど、責任感も感じられました。このように、参加学生たちは、もともと積極性や責任感は持ち合わせていたように思いますが、翻訳活動を継続していくうちに、社会に貢献したいという意識を強くしているように感じました。ある学生は、「日本語でのコミュニケーションに困っているベトナム人のために、もっと何かできないかな」と思うようになり、関係各所を通じて、「ボランティア日本語教室に自分も教師として参加できないか」と問い合わせをしたそうです。残念ながら日本語教室に支援者として参加することはかないませんでしたが、その後も自分にできることを考え、日本語教師養成関連の科目を受講しているそうです。また、上尾市以外に住んでいる学生からは、「自分の住んでいる区にはこういうのはないかな？ なかったらあってほしいな……」という意見も聞かれ、自分の住む地域社会にも目を向けるなど、地域貢献意識の広がりがうかがえました。

　翻訳講座を開始してから1年半以上が経過しましたが、『ハローコーナーニュースベトナム語版』の19回（2022年5月現在）の発行に、延べ25名の留学生が携わりました。毎号、HCNの末尾には、翻訳に関わった学生たちの名前を掲載してもらっていますが、それも学生たちの自己肯定感や誇りにつながっているのではないかと思います。毎月、上尾市のホームページでHCNのベトナム語版をチェックする学生もいますし、両親や友だちに自分の取り組みや成果を自慢する学生もいます。翻訳講座でも完成したHCNを見せると、「お疲れ様！　今月も頑張った」と拍手を送り合い、互いの努力を認め合う姿が見られます。

　市の担当者からは、ベトナム人従業員がいる事業所の方から、「毎月楽しみにしている」という声があったことや、窓口の職員からは、「転入時にお渡ししている資料の中に母国語の情報があると市民の方に喜ばれる」との反応があったと伺いました。学生たちの活動が、地域社会の中で好意的に受け

▶留学生がベトナム語翻訳を行う
『ハローコーナーニュース』2022年8月号
出典：上尾市市民協働推進課ホームページ、
Hello Corner/Bản tin Hello corner（Tiếng Việt）
より。

入れられ、重要な役割を担っていることがわかります。

　多文化共生社会の実現のためには、多様な人びとが対等な立場で社会参画することが必要です。そのためには、すべての人が情報にアクセスでき、正確な情報を得ることは、最も基本的かつ重要な前提条件といえます。本活動は、留学生が自己の能力を発揮する術（すべ）を学びながら、自らが社会の担い手として貢献していきたいという意識を涵養する（養い育てる）という意味をもつと同時に、外国人住民が地域社会の一員として生きていくこと、また地域社会の中で活躍する存在となることを支えていくという意味もあるのだと思います。

4 ｜【座談会】　地域も学生もともに成長
（2022年3月20日、聖学院大学1号館1201教室）

　ここでは、地元の商工協同組合と学生が連携しながら取り組んできたお祭

り（ふれあいフェスタ）について、関わった地域・学生・大学の 3 者の視点から語っていただきました。この座談会を通して、活動に関わる学生の学び・成長だけでなく、学生ボランティアという存在の地域側にとっての効果や意義もみえてきます。

須賀隆夫（元宮原駅西口商工会会長）×鈴木雄亮（人間福祉学科2011年卒）
×金久保仁（児童学科 4 年）×平 修久（元ボランティア活動支援センター所長）

▶ユニークな商工会

須賀：2000年に、宮原駅西口商工会（現、さいたま北商工協同組合、以下
　　　組合）の会長になって考えたのが、会員同士のコミュニケーションと、
　　　会員とその他の人とのいろいろなつながりをつくることですね。輪を
　　　広げようと思って、その年の秋に「ふれあいフェスタ」を始めました。
　　　フェスタの実行委員会の会議をやると人が集まり、会議後に一杯飲む
　　　と交流が生まれ、フラットな関係でいろいろな話が次から次へと生ま
　　　れましたね。対象地域も広く考えていたので、上尾からも東京からも
　　　会員が来てくれて、いろいろな出会いが生まれたんですね。きれいで
　　　いいまちにすればいい人は住みつくし、いいお客さんが増えるという
　　　考えでしたね。

平　：ほかのメンバーの人も、須賀さんと同じ気持ちだったんですか。

須賀：いやー、飲みながら決めていますから。（笑）勢いもあったし、元気
　　　でしたね。

鈴木：福祉施設も商工会の会員というのは、かなり珍しいケースですよね。

須賀：最初のまちづくりのテーマが、障がい者も高齢者も住みやすいという
　　　ことで、みんな集まりやすかったですね。
　　　商店街活性化事業の助成金はあるけれど、商店街でまちづくりをやっ
　　　ている例がなくて、そのための助成金はないと市役所に言われました。
　　　でも、フェスタをやったわけね。何年かしたら行政のほうが変わって、

まちづくりの費用を助成すると。やっていることが正しかったという気がしますね。私ね、人のまねすることが嫌いなタイプなんですよ。店も料理もね。まちも美味しいまちにしたい。（笑）

▶地域イベントへの学生の参加

平　：どのようなことから、大学にアプローチしようとしたのですか。

須賀：私の店に、当時、欧米文化学科の学生がよく飲みに来てたんで、「大学を案内して」と声をかけました。その学生と学生課に行って、それで始まったんですね。

平　：それまでは、「聖学院大学はあるけれど……」、という感じですか。

須賀：恐れ多くて、大学には入れないですよ。（笑）でもその時、大学側もまちと何かやりたがっていた時期だったので、渡りに船だったんですね。そして、「ふれあいフェスタin宮原」（2011年より「KI-TA祭り」）への学生の参加につながったんですね。

鈴木：須賀さんは福祉的プログラム「車いす体験」を行いたくて、学生は一緒に盛り上がりたくて、相思相愛のようだったと聞いています。大学の学生課の後押しもあって、総務委員会が主となり、ヴェリタス祭（学園祭）実行委員会も一緒にやることになったのではないかなと思います。

平　：学園際の1週間前で忙しいのに、学生はよくやるなと思ってしまいましたね。

鈴木：宮原は大学の地元だし、地元の方に学園祭を宣伝する時間ももらえたりしたんです。フェスタ実行委員会の会議後によく飲んだりしましたね。

須賀：よく飲んだよね。（笑）

鈴木：フェスタ実行委員以外の学生にも呼びかけて、当日は相当数参加しました。学園祭実行委員会は、学園祭のテント組み立ての練習の意味合いもあり、「1年生は学園祭の前に、一日運営スタッフになって、祭

りの雰囲気を肌で感じて当日を迎えようね」、ということだったんですよ。

須賀：練習してたんだ。なるほどね。

鈴木：学生もフェスタの準備で捨て看板を設置したり、前日にはテーブルなど機材を運搬しましたね。開始後は、ステージ前にロープを張って会場整理をしたり、ゴミ関係も担当しましたね。それから、「車いす体験」の実行部隊もやりました。

須賀：最近は留学生が出身国の料理を提供するブースも出したね。

平　：学生がフェスタの副実行委員長でしたよね。

鈴木：学生の副実行委員長は学生統括みたいな位置づけだった気がします。

平　：フェスタの最初の１、２年は、学生の動きは悪かったですよね。

須賀：最初の頃はね。慣れていなかったんで。そのうち、学生の中にリーダーが生まれて、その学生が他の学生を指導したり、まとめたりしたんだよね。商工会としてはすごく楽だった。段取りも全部そのリーダーが決めて。

鈴木：何年かして、シフト表とかも作り始めて。

平　：朝早くから丸一日、大変ではなかったですか。朝７時という集合時間を聞いて、「なんでそんな早いんだ」という学生はいませんでしたか。

鈴木：私は正直、最初思いました。（笑）「これはきついな」と思いながら行ったのは覚えています。でも、フェスタ終了後に打ち上げで飲んで騒いだのは本当に楽しくて、「これがあるから、じゃあ来年もやろう」と思えたんですよね。

　　　３年の時に、フェスタの事務局長から、「新しい風を吹かせたいから、現役学生の鈴木君に任せたい」という実行委員長就任の要請の話があったんですよ。その時はびっくりしました。私でいいんですか、みたいな。（笑）うれしかったですけれども、当時、オーケストラに所属していて、学園祭の演奏会に向けて追い込みの時期だったんですよ。トレーナーの先生に相談したら、本番前なのでやめてほしいと言われ、

その時はお断りしたんです。

翌々年に「社会人一年目として、じゃあもう縛りないよね。よろしくね」と。（笑）３年連続でやりました。はじめは、事務局長について回るだけでした。みんなが各自の担当をやってくれるし、意見もいろいろと言ってくれたので、大変さはあまりなかったですね。当日の開会挨拶の後、ステージの上で歌ったこともありましたね。「大丈夫。みんなステージに上がるから」と言われて、歌い始めたら誰も上がってこないんですよ。（笑）その年からテーマソングを設けて、実行委員長がステージで歌うことになったんです。

須賀：若い人が参加してくれると発想も若くなるんだよね。

金久保：僕は児童学科にいるので、教育系のボランティアは推奨されるんですけど、そうでないボランティアをやると、変わった人みたいに見られることがあるんですよね。

◀学生たちも開催を楽しみにしている
「さいたまKI-TAまつり」
出典：さいたま北商工協同組合

須賀：変な奴になったほうがいいよ。周りと一緒じゃ面白くない。

金久保：僕はさまざまなボランティアをやっている「グレイス」に入っているので、1つのボランティアに肩入れできないという悩みがあるんです。いろんなボランティアをやっているので、すごく経験が得られると思います。4年間で「KI-TA祭り」に4回参加したいと思っているし、そういう伝統をつくっていけたらと思っています。

▶学生が活動に参加する効果

鈴木：フェスタを通して多くの地域の方と関係ができ、宮原で就職しました。当時の福祉施設長が「ふれあいフェスタ」での動きを見ていてくれて、打ち上げの時に「お前が欲しい」と言われて（笑）。その時は、正直にうれしかったですね。やはり、社会の大先輩からそう言ってもらえたのは、自分が社会に出ても良いというか、認めてもらえたような気持ちがして、自信になりましたね。

施設で働き始めてから、仕事の後、1人で「KI-TA祭り」実行委員会の会議に参加していましたが、職場の中で、変な奴だと思われていました。（笑）

まあ、宮原の人に鍛えられましたね。いろんな職業の方がいて、会議でも、例えば、飲食店の視点から見たらこうとか、美容室から見たらこうとか、福祉の視点からだとこうだとか、いろんな角度で物事を見ることができるようになりました。福祉施設で支援者だけの視点で利用者のことを考えてしまうと、絶対どこかで行き詰まったりするので、視野が広がって良かったと思います。それから、地域活動を通して、転職後、新規営業で飛び込むときの勇気や度胸がついたような気がします。皆さんのおかげです。

須賀：どういたしまして。（笑）学生と20年以上付き合ってきたけど、学生の変わらないところは歳。学生は活気がありますからね。こちらも元気をもらえますよ。だって、商工会のメンバーだけでやったら寂しい

　　　　祭りですよ。（笑）毎年、新しい学生が参加するというのはいいこと
　　　　ですね。

金久保：地域のボランティアに関わってみて、「これがボランティアなんだ。
　　　　これが社会と関わることなのかな」と思えたときは、一段階段を登っ
　　　　たみたいでうれしかったです。児童養護施設「光の子どもの家」でボ
　　　　ランティア活動をしたことはありましたが、まちでのボランティアは
　　　　「KI-TA祭り」が初めてでした。祭り当日は右も左もわからない状
　　　　態で、緊張しました。

鈴木：僕もそうでしたよ。知らない場所に行くときって、少しドキドキする
　　　　じゃないですか。どう関わっていったらいいのかわからない。地域の
　　　　人に変なことをして怒られないかとか。でも、関わってみて、皆さん
　　　　優しかったです。
　　　　フェスタに参加する前は、宮原は大学に行くまでの通過点でしかなかっ
　　　　たので、愛着はなかったです。商工会の皆さんと関わりをもつように
　　　　なって、髪を切りに行くのであれば、会員の店に行ったりとか。今の
　　　　組合の理事長との付き合いも14～15年になりますね。別の場所で働
　　　　くようになっても、なんとなく魂は宮原にあるんですよね。

須賀：「ふれあいフェスタ」をやる前は、学生はお客さんでもないし、ただ
　　　　店の前の通行人でしたよね。面白い学生もいっぱいいるし、関わると
　　　　楽しいね。

平　　：学生からすると、地域のおじさんとジェネレーションギャップを感じ
　　　　ますか。

鈴木：昔の歌謡曲が好きだったりするので、昔の話が聞けたりするのは結構
　　　　面白いなと思います。時代は繰り返すというから、いろいろ経験して
　　　　いる人たちと一緒に飲んだり話したりする機会を重要視するような時
　　　　代がまた来るんじゃないかと思います。

金久保：僕も異世代交流を求める若者が出てくる可能性があると思います。
　　　　自分の親や祖父母の世代との関わりはあるのに、地域の人との関わり

が薄くなるのは不自然だなと思います。

須賀：だから、定期的にお祭りやらなくちゃいけないんですよ。祭りでいろんな年代の人が集まるから、面白いんですね。「KI-TA祭り」実行委員会が終わった後、「食事行くぞ」と言うと、以前は「やった！」みたいな感じでしたよね。最近は、「ごめんなさい。ダメです」という学生が多い。「ゴチになります」という学生は最近いない。気質が変わったのかな。

平　：一時、「KI-TA祭り」実行委員会のほうで、学生ボランティアの人数に対する期待が高まった一方で、学生が重荷に感じて、実行委員会との関係がギクシャクしたことがありましたね。ボランティアは自主的に参加するものなので、何人出してと言われると、大学としては困ってしまう。

須賀：来場者数が増えてきたので、運営スタッフが足りなくなっちゃったのね。それで、そういう要求を出したら……。

平　：無理に「KI-TA祭り」に参加してもらうのではなくて、やりたい学生に声をかけるようにして、ボランティア学生の見込み数を緩やかな範囲にしてもらい、学生と「KI-TA祭り」実行委員会の関係はまた良くなってきたかなと思います。

鈴木：ボランティアを受け入れる側も期待しすぎることがあるのかもしれないですね。

平　：お互いにボランティアに関して勉強になりましたよね。長い間ずっとうまくいくというのはまれで、途中ギクシャクして、また、修復してより強い関係をつくるという感じですね。

▶活動の展開と新たな兆し

須賀：宮原を特徴あるまちにしたかったので、しばらく前に、駅前から聖学院大学に行く通りに名前を付けるためのアンケート調査を聖学院大学の先生にお願いしました。でも、回答率が低かったので道の名前は諦

め、方向転換してまちづくり協議会をつくったんですね。清掃活動から始め、逆川の調査も行ったんです。私のその頃のまちのイメージは、縦が駅前通りで、横が逆川。大学に向かって、ちょうど十字なんですよ。聖学院はキリスト教系の大学だから、これはいいなと思ったんだけどね。（笑）道もきれいにして、川のせせらぎを復活させようと。逆川を調査している時、「三貫清水はいい場所だな。あそこでお茶会やったらいいな」と誰かがつぶやいて、「グリーンフェス」を始めました。

集まってしゃべったりしていると、アイディアはあちこちから出てくるんですよ。いいのが出ると、「それやろう」と即決。まちをきれいに住みやすくすればお客さんも増えると。こっちも商売ですからね。大学の先生たちと知り合い、交流が深まり、戸崎（大学を挟んで宮原と反対側の地区）の長澤義治さん（当時、「戸崎まちづくり協議会」

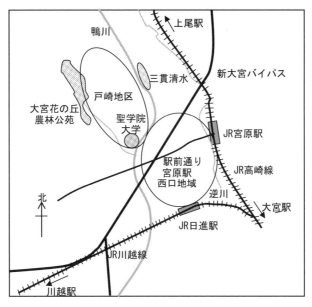

▲大学周辺地図

会長）を紹介してもらい、仲良くなって、戸崎の畑での活動ができるようになったのね。長澤さんは、自分の畑で子どもたちがいもを植えたりすることを見て喜ぶ人なんです。

一方で、コロナで「KI-TA祭り」が2年間途切れちゃったわけよ。2022年も多分できないだろうから仕方なく、組合の活動として駅の掃除続けているわけ。トイレ掃除をボランティアでやってる駅って、宮原駅ぐらいじゃないかな。行政は業者に発注するだけで、チェックしないんですね。清掃を始めた時は、やるんじゃなかったと思うくらいひどかったですよね。でも、毎月やっているからきれいになってきた。そしたら、清掃業者も一生懸命やるようになった。

金久保：地元の人がトイレ掃除をするんだと驚きました。けれど、僕も駅前の清掃活動に参加してガムはがしをしました。

須賀：組合の会員に清掃業務をしている会社があって、いろいろ教えてもらい、道具も貸してもらい、だんだんわかってきて、高圧洗浄機も買ったのね。いろんな団体が寄付してくるんですよ。新しいマンションの住民も参加するようになったんですよね。一緒に掃除すると気持ち良くなって、仲良くなるんですよね。子どもを連れてくる親もいるしね。小さいうちからまちを掃除すれば、まちを汚さないじゃないですか。きれいにすれば、自分からトイレ汚くする人いないよね。

今後、戸崎の遊休農地に柑橘系の果樹を植えて、養蜂もしようかなと考えています。学生にも協力してもらって、花の手入れをしたり、蜂蜜や果汁を取ったり、それらの商品開発をしたりとかね。それから、子どもは畑に裸足で入ってキャッキャと喜ぶから、子どもの参加もね。空気は良いし、花も咲くし、戸崎は本当に気持ち良いエリアですね。そして大学がある。だから、それらをうまく組み合わせて、組合としても一年中続けられる活動やろうかなと。

金久保：学内の団体に所属する学生が700〜800人ぐらいいるなか、コロナで一気に500人くらいに減ったんですよ。学生同士の関わりも弱まっ

て、いろんなものが終わってしまう。新しいものが出てくる感じもしないし。だったら形が変わっても関わり続けることを後輩に引き継いでいかないといけない。その先に未来があってほしいと考えています。

鈴木：私は今も同窓会を通じて学生と関わっています。ボランティア活動を通じて関わっている人たちとのつながりは、ずっと絶やさずにいてほしいなと思います。関わりで学び得たことは、その先の人生で生きることが絶対あるでしょうし、大学の講義だけでは絶対に学べないと思うので。関わりたいと思っている学生は果敢にチャレンジしてもらえればいいかなと思います。

座談会を終えて

　学生の地域ボランティア活動には、大学と地域との関係が重要です。宮原・戸崎地区には、学生を温かく受け入れてくださり、地域を自らより良くしようという地域住民が多く、聖学院大学は恵まれています。はじめは、地域も大学も手さぐりの関係づくりでしたが、学生や教職員が動くことにより地域に受け入れられ、Win-Winの関係を築くことができました。地域は学生の若さのメリットを享受し、大学は安心して学生を地域に送り出し、学生は地域で確実に成長しています。

（平　修久）

5 ｜ 地域連携・教育センターとボランティア活動支援センターとの連携

　学生たちのボランティア活動は、ほとんど必然的に地域との関係を生み出します。その関係づくりをお手伝いするのも、ボランティア活動支援センターの重要な役割です。一方で、こうして生まれた地域との関係は、時に学生ボランティアの枠組みにとどまらない地域と大学との深い関係構築へと展開することがあります。復興支援ボランティアをきっかけとする釜石市との関係の深まりは、その典型といえます（本章2-2参照）。

　こうした地域との関係づくりをさらに発展させるべく、2013年に地域連携・教育センターを開設し、地域の方々のご協力をいただきながら学生の地域での学びを支援するとともに、大学として地域に貢献すべく自治体、企業、NPOなどの地域諸団体との連携を進めています。近年では釜石市や上尾市、さいたま市をはじめ13の自治体と包括連携協定を結ぶなど、目に見えてその成果が表れてきています。

　地域連携・教育センターの運営理念は多くの部分をボランティア活動支援センターと共有しており、運営に携わる教職員、また原則として所長も両センターを兼ねる形をとっています。幸いなことに地域連携がますます拡大しているなかで運営体制のあり方は課題ですが、「共に支え合い、育ち合う関係づくり」に取り組んできたボランティア活動支援センターの理念と実践の蓄積を、大学と地域との連携の面にも活かし広げていくことを目指しています。

　このような両センターの有機的な連携が、「共に育つ《学生×大学×地域》」を現実のものにするために欠かせないと私たちは考えています。

若原幸範（聖学院大学地域連携・教育センター所長）

■コラム■　外からみた聖学院大学ボランティア＆ボラセン─⑤

必要な支援を、被災地や地域と息長く進めてきた姿勢に心を打たれます

千葉和成（全国社会福祉協議会 全国ボランティア・市民活動振興センター）

聖学院大学ボランティア活動支援センター10周年、おめでとうございます。

東日本大震災被災地の復興支援を目的に創設した、復興支援ボランティアセンターでの１年間の経験をもとにしたボラセンの設立から10年が経ちました。その後、体制も充実させながら、被災地の団体と協働した支援活動を学生・教職員・他大学等との協働で継続されていることに、あらためて敬意を表します。

ボランティア活動支援センターを訪れ、お話を伺う機会がもてたことは、学生へのボランティア活動支援の状況を学ぶきっかけになりました。そこには、学生が日常的に集う場に設けたスペースで、日常の学生生活に溶け込みながら、学生一人ひとりの思いに寄り添った活動を調整するコーディネーターの皆さんの姿がありました。学生の悩みや喜び、考え方までをヒアリングし、活動につなげていくボランティアコーディネーターの皆さんの努力は、並々ならぬものと感じました。それは活動先に対しても同様の姿勢であり、学生サポートメンバーによる活動への発展につながっています。

これらの活動が、大学周辺地域や社会福祉施設の行事・ボランティア活動への参加の継続的な関わりを生み出し、地域や関係者からの信頼も厚く寄せられています。社会に開かれた大学としての理念・使命を、ボランティア活動支援センターの取り組みが体現していると思います。

地域の暮らしに安心や生きがいを生み出す地域共生社会づくりの実現には、地域のさまざまな機関や団体が分野を超えて協働することが必要です。ボランティア活動支援センターの取り組みは、地域共生社会づくりの理念とも重なります。これからも、一人ひとりの学生へのサポートとともに、学生の活動意欲を、学生自身の生きる力の充実とともに、地域の課題解決に向けてコーディネートしていただくことを期待しています。

第IV章
学生ボランティアと大学

1 | 大学にとってのボランティア

　学生は大学の重要な構成員です。学生が動いたり、変わったりすれば、大学全体も動き、変わります。ただし、大半の学生は何らかの刺激がないと動き出しません。そこで、教職員が学生に働きかけることも必要になります。理屈の上で、こうすれば、あるいは、こう言えば学生は動くはずであっても、実際にそうなるとは限りません。理論と現実は異なることが多々あります。そのため、各大学では、学生をボランティア活動に誘導することに試行錯誤を繰り返してきました。

　聖学院大学においても、現在では、ボランティア活動支援センター（以下、ボラセン）が学生のボランティア活動の拠点になっていますが、そこにたどり着くまでに長い時間を要しました。本章では、その経緯を振り返るとともに、学生のボランティア活動が大学に及ぼす影響を考えたいと思います。

1.1　学生ボランティア活動の経緯

（1）宗教委員会から学生ボランティアがスタート

　聖学院大学は1988年に創設されましたが、その前身は聖学院女子短期大学です。キリスト教精神に基づいた大学として、キリスト教を学んだり、キリスト教に基づいた活動を行う学生のサークルである宗教委員会を設置しました。本学は少人数教育を実践し、学生10〜15人のグループを教員がアドバイザーとして担当する仕組みを当初から設けています。このアドバイザーグループから、入学直後に宗教委員を選出し、多くの学生が活動していました。具体的には、全学礼拝の運営支援を中心に、学内行事の運営、海外支援

活動を含め学外でのボランティア活動なども行っていました。学生の提案に
よるものもありました。外部からの依頼についても、教員も交えて宗教委員
会で検討し、活動に移していました。1995年の阪神・淡路大震災の際は、
学生や教職員の現地派遣は行いませんでしたが、募金活動を行いました。こ
れらの活動に、顧問の教員が熱心に関わっていました。

(2)　学生がボランティア部会を立ち上げる

　1998年に人間福祉学科（現在、心理福祉学科）が設立されたことで、聖
学院大学の学生ボランティア活動は次の段階へと進みました。同学科では、
社会福祉士、精神保健福祉士という国家資格をもつ専門職（ソーシャルワー
カー）を養成しています。専門職であってもボランティアの精神をもって対
応することにより、新たな発見や対応力が生まれるというような議論を、学
科内で行いました。生活の内側からの自発的な福祉づくりへの関わりをボラ
ンティア活動と位置づけ、現場からの学びを机上の学問へつなげていくため、
学科設立当初から、学科の各教員が学生にボランティアを奨励してきました。
　宗教委員会をボランティア・アソシエーション（通称：グレイス、以下、
グレイス）と改称し、特別養護老人ホーム「川越キングスガーデン」や児童
養護施設「光の子どもの家」、障害者施設「かやの木作業所」等へのボランティ
ア活動も行うようになりました。
　1998年は「ボランティア元年」と呼ばれる阪神・淡路大震災から3年後
であり、全国的にボランティア熱がまだ残っており、大学生を中心とする若
者のボランティアへの期待から、関西圏を中心に大学ボランティアセンター
の設置が始まっていました。関東圏においても、大学設置の明治学院大学ボ
ランティアセンター（1998年）、早稲田大学平山郁夫記念ボランティアセンター
（2002年）や、学生が立ち上げた亜細亜大学ボランティアセンター（1998年）
等、全学的なボランティア支援体制の整備や学生の自主的な活動による、ボ
ランティアのマッチング・コーディネーションが展開され始めました。
　聖学院大学においても、1999年頃からボランティア活動に携わる学生リー

ダーたちが、全国の動きと連動しながら、単に自分たちの活動を充実させるということにとどまらず、大学全体としてボランティア活動の活性化を目指すボランティアセンター構想を打ち出しました。同年の後半には、学生課の支援のもと、グレイス、ソーシャルワーク研究会、フィールドワーク企画編集部という当時の学内ボランティア関連の3団体が集まり、大学に寄せられるボランティア情報を一元的に取り扱い、学生に対して情報を発信するというセンターの基礎的な役割を担う「ボランティア掲示板」を設置しました。2000年には、学友会（学生および常勤の教員からなる組織：総務委員会、文化会連合、体育会連合、特別委員会連合、ヴェリタス祭実行委員、卒業関連事業準備委員会などから構成）の文化会連合の中に「ボランティア部会」として位置づけられ、学生運営によるボランティアセンターに該当する活動が本格化していきました。

　ボランティア部会の主な活動は、①ボランティア掲示板の運営・ボランティア紹介、②ボランティア祭りの開催、③ボランティア団体の情報交換会、④他大学との情報交換会とネットワークづくり、⑤大学に対してボランティアセンター設置の要請、⑥ボランティアに関する講演会の開催でした。

　ボランティア活動は宗教委員会の担当という考えが教員の中にありました。また、聖学院大学は、1学年の定員が600人（当時）と小さな大学ということもあり、ボランティアセンターをあえて設置する必要があるかどうか問われたりしました。ボランティア活動に対する学生の意識の高まりと、それに対するニーズの増加があり、複数の学生ボランティア団体の存立が可能になった頃でした。

　その背景には、学内行事を担う学生組織がしっかりしていたこともあげられます。学園祭のほかに、教員の呼びかけで始めたスポーツ大会（ジュベナリス祭）も、運動部に所属する学生の主体的な取り組みにより運営されていました。

　また、学生による通学路でのごみのポイ捨ての苦情を受けた大学事務局からの働きかけに応じて、学生が大学周辺のゴミ拾いを始めたのもこの頃です。

学内でも、学友会の定期活動（毎年 4 ・10月）として、クリーン・キャンパス・キャンペーンが行われるようになりました。

　2000年代は、クラブ活動の低迷が問題視されるようになった一方で、勉強やアルバイト以外の学生の活動の選択肢が増え、社会貢献の考え方に後押しされるように、ボランティア活動が増えました。学生の課外活動は総量がそれほどは増加しませんでしたが、構成内容が変化したといえます。

（3）東日本大震災の復興支援を通して、より全学的なボランティア活動へと発展

　2011年の東日本大震災に際し、仙台出身の学生の募金活動をしたいという希望から、本学の復興支援活動が始まりました。 4 月に、復興支援活動を計画、意思決定する復興支援委員会を設置し、その後、復興支援活動の実施のため復興支援ボランティアセンターを立ち上げました。 センターのあり方や活動内容に関しては、それまで人間福祉学科で検討してきたボランティアセンター構想案を参考にしました。センターの打ち合わせには、学生も参加しました。そして、本学の学生が活動可能な場所と内容を確認し、学生だけでなく、教職員にも被災地での活動の参加を募りました。

　その呼びかけに応えた一人が坂口薫さん（政治経済学科2014年卒）です。彼は、がれき撤去作業を少ししかできなかったにもかかわらず、被災者からお礼の言葉をもらい、とても申し訳なく感じ、それが復興支援活動の継続につながりました。彼は高校時代に学校になじめず孤独な生活をしていましたが、ボランティア活動に自ら関わることにより、人間関係づくりを学び、大きく成長しました。彼と似たような高校時代を過ごした学生への働きかけ方を考える際に非常に参考になりました。復興支援活動の募集人数はさほど苦労せずに集めることができ、学生のボランティアに対する思い、ニーズを把握することができました。

　個人的にボランティア活動を行った学生もいました。その一人が蛭間達矢さん（政治経済学科2012年卒）です。震災 1 週間後くらいに、石巻市で 1

週間ほど、泥出しボランティアを行いました。その後、高校から始めたライフセービングの仲間の誘いを受けて、海中の遺体の捜索に関わりました。遺体に抱きつく遺族の姿を目の当たりにして、活動の意義を深くかみしめました。

　蛭間さんの話を聞き、教職員はボランティア活動を通じての学生の成長の可能性をあらためて認識しました。

（4）学生の後押しでボランティア活動支援センターが誕生

　学生のボランティア活動が大学に及ぼす影響は、直接的なものと、学生の成長を通じた間接的なものがあります。直接的な影響として、学生による大学への働きかけがあります。内容としては、大学としての実施や組織化、施設・資機材の拡充などがあります。学生だけでできることであれば、大学に頼らずに自分たちだけで行うでしょうが、自分たちの力だけでは不十分な場合など、大学の支援などを学生が求めることがあります。大学としては、極力、学生の希望がかなうように対応することになります。

　聖学院大学では、学生がボランティアセンターの設置を大学に要請しました。2000年の時は実現しませんでしたが、2011年の東日本大震災の復興支援ボランティア活動を通じて、全学的にボランティアの機運が高まり、学生の強い思いに後押しされ、教育的観点などから温めていたボランティアセンター構想の結実に至りました。

（5）学生がボランティア活動を提案

　ボラセンを開設し、地域からの学生ボランティアに対するニーズは結構あると想定していましたが、学生のボランティアに対する関心度合いに若干不安がありました。そのようななかで、ボランティア活動の一つの柱として、東日本大震災の被災地である釜石市での復興支援活動がありました。

　復興支援ボランティアセンターの学生スタッフとして発足した「復興支援ボランティアチームSAVE」（以下、SAVE）において、山口雄大さん（人間福祉学科2014年卒）は、前述の坂口さんとともに、中心メンバーとして

活躍しました。山口さんは「自分を変えるきっかけにしたい」とSAVEに参加しました。当初の活動は受け身でしたが、復興のシンボルとして被災地に桜を植えたいという彼の強い思いが大学を動かし、その後、八重桜（旭山）の盆栽を釜石の被災者に届ける「桜プロジェクト」となりました。これは、被災地での復興支援ボランティアスタディツアーの企画に、学生が関わる第一歩でした。

　このようにして、学生が動き出すことにより、学生にどのように接し、どのように支援していったらよいのか、ボラセンとして経験を積み重ねていきました。

1.2　学生のボランティア活動が大学に及ぼす影響

（1）ボランティア学生が授業の活性化に貢献

　多くの大学では、ボランティア活動を促すため、ボランティア関連の授業が開講されています。また、学外活動に単位を付与する科目を設置している大学も多数あります。単位欲しさでボランティア活動を行ってよいのかという疑問はありますが、動機が不純であったとしても、ボランティア活動の意義を体得する良い機会となる、という捉え方ができます。また、受け入れ団体から、「単位と関係ないと少しのことで活動を休む学生がいるが、単位が関係していると学生はきちっと活動する」と伺ったことがあります。しかしながら、単位とは無関係に熱心に活動している学生にとっては、単位のために活動している学生の態度に違和感をもつことがあるようです。そのため、活動の前に、ボランティアの意義や心構えをきちんと学生に伝える必要があります。

　聖学院大学では、「インデペンデントスタディ」という科目を設け、活動時間に応じて単位を認定しています。中には、単位認定に十分な活動をしていても、ボランティア活動と単位を切り離し、「単位はいらない」という学生もいます。

　近年、大学においてもアクティブ・ラーニング（学生が授業に参加する学

び）が推奨されています。そのため、教員は授業方法にさまざまな工夫をこらしていますが、効果を上げるためには、授業に取り組む学生の姿勢も重要です。ボランティア活動を行っている学生は、グループワークなど参加型の授業に積極的に取り組んでいます。他の学生は、積極的な学生に引っ張られて、授業により参加するようになります。

　また、ボランティア活動を行っている学生は、しっかりと考えて発言する傾向がみられます。ゼミにおいて、クラスの雰囲気を変えるような気づかいができる学生もいます。活動を通して視野が広がり、他の学生の意見もすくい上げることもあります。このようにして、授業が充実し、教員としても助かっています。

　積極性、他者への気づかい、視野の広さなど、社会で生きていく上で必要な能力は、就職活動においても重要になります。ボランティア活動でこれらの能力を身につけた学生は、大学として就職支援が行いやすくなります（本章コラム：山田）。そこで、キャリアサポートセンターをはじめとして、大学全体としてボランティア活動を学生に勧めています。学生としても、「オンラインボラTea」において、ボランティア活動を就職活動に活かす方法を先輩から学んだりしています。

（2）学生のボランティア活動が教員にも影響

　学生のボランティア活動は、大学の教員にも影響を及ぼします。学生が活動する姿を見たり、活動レポートを読んだりすることにより、教員もボランティアに関する理解が深まります。さらには、教員も主体的に社会貢献に関わるようになったり、地域活動に関する意識が高まったりします。

　大学教員は、研究、教育、大学運営という仕事に加えて、近年、大学の社会貢献という要請の高まりの中で、教員にもそれが求められるようになりました。

　社会において、大学も地域資源であるという見方が広まり、行政委員や講師の派遣要請が増えつつあります。学外で活動する学生に触発されたことも

あり、外部からの依頼を快く引き受ける教員が増えています。小学生を対象にした「こども大学」が各地で、行政と大学の協働により開催されていますが、聖学院大学の担当教員は、学生の熱心な活動に影響を受け、より主体的に長年関わっています。

　ボラセンでは、学生に対する支援が主ですが、教員が学生と一緒に行う活動に対しても支援を行っています。その機能を活用して、本章2節で紹介しますように、サベット、八木、相川、寺﨑のように、ゼミに社会的テーマや地域課題を積極的に取り入れている教員もいます。「ボランティア・まちづくり活動助成金」は、これらのゼミ活動も対象になっています。

（3）ボランティア活動を通して中学・高校と連携

　最近、国の政策の一つとして高大連携が薦められています。聖学院大学の場合、学生ボランティアが高校との連携の柱となっており、本章3節で、具体的な連携内容について、連携先の中学・高校の先生に語っていただきました。東日本大震災の「復興支援ボランティアスタディツアー」には高校生も参加し、準備段階から高校と連携しています（3-1：新井、3-2：守屋）。また、中学の「総合」科目の中で、学生がボランティア体験を語り、社会との関わり方のロールモデルとなっています（3-3：伊藤）。

（4）学生ボランティアは大学の特徴の一つ

　学生のボランティア活動が活発なことは、大学にとって一つの特徴であり、社会貢献意識の高い高校生にとって、大学の選択基準の一つになります。ちなみに、聖学院大学の場合、新入生アンケート（2021年）で、「あなたがこの大学に入学した理由はなんですか。」（複数回答）と尋ねたところ、「ボランティア活動が盛んだから」が、「当てはまる」か「やや当てはまる」と答えた学生が58.0％とかなり高い比率でした。また、同じアンケートで、「ボランティア活動に関心がある」と答えた新入生は64.2％いました。実際に、第Ⅱ章の実践報告を書いてくれた姫野さん（2-2）や菅野さん（2-4）のように、ボランティ

ア活動をより一生懸命行いたいので、聖学院大学に入学した学生もいます。

　このような学生を大学のパンフレットやホームページに掲載することにより、高校からはボランティアが盛んな大学として認識されています。メディアが学生のボランティアを取り上げることにより、大学の知名度向上にも貢献しています。

　学生のボランティア活動は、大学に対する外部の評価にもつながります。自治体や国の表彰対象になることもあります。表彰されるために活動を行っているわけではありませんが、外部からの評価は活動の励みになります。

　聖学院大学では、東日本大震災の復興支援ボランティアを継続的に実施してきたことに対して、釜石市から感謝状をいただきました。また、20年間にわたる各種ボランティア活動が評価され、「平成30年度ボランティア功労者厚生労働大臣表彰」も受けました。

2 ｜ 地域活動を取り入れた大学教育の活性化

　聖学院大学では従来より、教員の専門領域との関連により、地域に直接関わり活動をすることを通して学びを深めるゼミがありました。ボランティア活動支援センターができたことで、活動の助成金やコーディネーターによる支援を受け、より活発に活動が展開されています。地域活動を取り入れることによる教育の効果や学生の変化、またその展開について、教員に報告してもらいました。

2-1　国際理解セミナーとフェアトレード（シャプラニール）

メヘラン・サベット（欧米文化学科教授）

　世界は、はるかに小さくなっています。その結果、最近では、旅行や世界

中の人々とのコミュニケーションがとても簡単になっています。一方、世界の片隅で問題が発生すると、どこに住んでいても私たちの生活に影響を及ぼす可能性があります。人間として、私たちは助けを必要としている人びとを気づかうことが重要であり、より良い世界にするために貢献できるよう手助けをしなければなりません。

　私たちは皆、ニュースを見たり、インターネットで戦争、飢餓、暴力、差別などについて読んでいます。私たちの多くは、これらの問題について悲しみや怒りを感じますが、何もしません。国際理解のゼミでは、困っている人に同情するだけでは不十分だということを学生たちに強調しました。私たちは痛みや苦しみを和らげるために何かをしなければなりません。行動のない知識は無価値です。

　私のゼミの学生が他の人を助けることに積極的に参加する方法について調査を行った後、私たちはシャプラニールのフェアトレードに参加することにしました。

フェアトレードとは何か？

　フェアトレードは、貧しい国の生産者と豊かな国の買い手が平等になることができる貿易の一種です。目標は、貧しい人びとが作る製品に公正な価格を支払うことによって、貧しい人々の生活を改善することです。エドナ・ルース・バイラーというアメリカ人女性は、1946年にプエルトリコから手工芸品を持ち込み、米国で販売することでフェアトレードを開始しました。コーヒーやバナナなどの生産農民が、フェアトレードで商品を販売することにより、市場価格の下落影響をあまり受けることなく安定した収入を得ることができます。

シャプラニールと Craftlink

　シャプラニールは、その起源がフェアトレードに由来するNGOです。シャプラニールは1974年にバングラデシュの手工芸品販売を開始しました。

2003年に、シャプラニールはそのフェアトレード製品をCraftlinkと名付けました。 Craftlinkでは、バングラデシュの製品に加えて、ネパールの手工芸品も販売しています。ほとんど全ての製品は女性によって作られています。女性は子どもの世話をしながら、自宅や家の近くで手工芸品やせっけんを作ります。シャプラニールの使命は、国内および国際的な活動を通じて南アジア諸国の貧しい家族の生活条件を改善することです。これらの活動には、子どもの教育への支援、家事労働者として働く少女への支援、手工芸品生産者の生活向上への支援、緊急および災害救援などが含まれます。

　女性は家で仕事をして商品を作ることができるので、収入は家族を支える上で大きな役割を果たしています。彼らは子どもたちを農場や工場で働かせる代わりに、子どもたちを学校に通わせることができます。私たちのゼミでは、人びとを貧困から救うために教育がいかに重要であるかについて調査し議論しました。子どもたちは教育を受けることにより、より良い未来とより多くの収入が得られる仕事に就いて働くことができるようになります。

　シャプラニールのスタッフを招待して非営利団体の活動について学生たちに講演してもらい、彼らの活動報告を読むことにより、学生たちはシャプラニールの活動に参加することに興味をもつようになりました。学園祭期間中にキャンパスでシャプラニール手工芸品を販売することにより、経済的に貢献し、他の学生にシャプラニールについて知ってもらう機会を与えることができました。また、あげおワールドフェアでもブースを出展しました。私たちはブースに立ち寄ってくださった方々に、自分たちの活動について話し、シャプラニールとその活動に関するパンフレットを配布したり、シャプラニール製品を販売したりしました。

学生の理解
　フェアトレード／シャプラニールの活動への参加により、学生たちは目を開かれるような体験に満足感を覚えました。彼らは、貧困はひずみの連鎖が断ち切られない限り終わらない悪循環であることに気づきました。これらの

141

ひずみは、教育の欠如、財政的手段の欠如、差別、抑圧、および腐敗した政府である可能性があります。学生たちはゼミの中で、貧困の中で暮らす多くの人びとにお金や物資を寄付するだけでは不十分であることを学びました。その代わりに、私たちは貧困の中で暮らす人びとが自給自足できるよう手助けする努力をする必要があり、そうするためには、彼らの子どもや孫たちを教育し、自立させるためのツールを提供しなければならないことを理解しました。

　ゼミ終了までに、学生たちは、戦争、自然災害、地球温暖化、貧困などが、被災地から遠く離れた場所に住んでいても、自分たちの生活に影響を与える可能性があることを理解しました。パンデミックの間、私たちは皆、社会、経済、政府がどのように悪影響を受ける可能性があるかを認識しました。不利な立場にあることを気の毒に思うだけでは十分ではありません。私たちは他の人の立場になって、彼らがどのように感じているかを理解しなければなりません。

　深刻な問題について知らないことは無知の表れですが、それについて知っていて何もしないということは許されないのです。

International Understanding Seminar and Fair Trade (Shaplaneer)

Mehran SABET

　The world has become much smaller and as a result, traveling and communicating with people around the globe has become much easier these days. On the other hand, any problem in one corner of the world can affect our lives, no matter how far we live. However, as human beings, it is important that we care about people who need our help and should do what we can to contribute to a better world.

We all watch the news and read about wars, hunger, violence, discrimination, etc. on the Internet. Many of us feel sad or angry about these problems, but we do not do anything about them. In this seminar, I stressed to students that having sympathy for others who are in trouble is not enough. We must do something to lessen the pain and suffering. Knowledge without action is worthless.

After doing some research as to how students in my seminar can actively participate in helping others, we decided to join the Fair Trade (Shaplaneer).

What is Fair Trade?

Fair Trade is a type of trade where producers in poor countries and buyers in rich countries can become equal. The goal is to improve the lives of the poor by paying a fair price for products they make. An American woman named Edna Ruth Byler started the Fair Trade in 1946 by bringing handicrafts from Puerto Rico and selling them in the United States. Farmers and producers of products such as coffee, bananas, etc. sell their goods through the Fair Trade and can rely on a steady flow of money without the fear of losing their income due to market price changes.

Shaplaneer and Craftlink

Shaplaneer is an NGO that its origin comes from the Fair Trade. Shaplaneer started selling handicrafts from Bangladesh in 1974. In 2003, Shaplaneer named its fair-trade work as Craftlink. At Craftlink, in addition to products from Bangladesh, handicrafts from Nepal are also sold. Almost all the products are made by women. Women can make handicrafts at home or near their home, while taking care of their children. Shaplaneer's mission is to improve the living condition of poor families in South Asian countries through domestic and international activities. Some of these activities include support for children's education, support for girls working as domestic workers, support for handicrafts producers to improve their lives, and emergency and disaster relief, etc.

Since women can work at home and make goods, their income can play a big role in supporting their family. Families can send their children to school instead of making them work in farms or factories. In our seminar, we discussed how education plays an important role in getting people out of poverty. When children are educated, they will be able to work at jobs with better future and income.

By inviting a speaker from the Shaplaneer to talk about the non-profit organization to my students and by reading more about their activities, students became interested in getting involved. We thought that by selling the handicraft goods at our campus during the Veritas Festival, we had the opportunity to contribute financially and educate students about Shaplaneer. In addition, we also took part in the 'Ageo World Fair' by having a booth. Every time people stopped at our booth, we talked about our work and gave visitors a pamphlet that had information about Shaplaneer and its activities. We also sold Shaplaneer products at the Fair.

Students' Understanding

Students' involvement in promotion of Fair Trade / Shaplaneer gave them a sense of satisfaction in what was an eye-opening experience. They realized that poverty is a vicious circle that does not end unless the chains of strain are broken. These strains can be lack of education, lack of financial means, as well as discrimination, oppression, and corrupt governments. Through discussions, students learned that for many people who live in poverty, just donating money and goods is not enough. Instead, efforts must be made to make the people self-sufficient and to do that, we must provide these people with tools to make them, their children, and grandchildren educated and independent.

By the end of the seminar, students came to understand that wars, natural disasters, global warming, poverty, etc. can change our lives even if we live far away from the affected areas. During the pandemic, we all realized how societies, economies, and governments can be affected negatively.

Just feeling sorry for the disadvantaged is not enough. We must put ourselves in other people's shoes and to see how they feel. Not knowing about a serious problem can be a sign of ignorance, but knowing and not doing anything about it, is unforgivable.

2-2 ゼミで地域課題に取り組む

八木規子（政治経済学科教授）

　わたくしが指導する政治経済学科の卒業研究ゼミ（3年生の必修科目）では、2016年度から上尾市との協働プロジェクトに取り組み始めました。組織行動論のゼミが、なぜ上尾市との協働プロジェクトに取り組むのか？組織行動論は、経営学の一分野で組織における人間行動の規則性について探る学問です。組織で働く人びとがモチベーション高く、「イキイキと働くにはどうしたらよいか？」「組織でリーダーシップを取る秘訣は何か？」「組織内のもめごとを上手く解決するには？」などといった問いが主な題材となります。こうした題材を理解するには、教科書に書かれた抽象的な理論を学ぶ

だけでは腹落ちしません。実際に組織で人びとが集まって「何か」を行うなかで、モチベーションやリーダーシップをめぐる問題が生じたとき、理論をどのように役立たせるか、実践を通じて組織行動論を学生たちに学んでもらおうと考えました。共通の目標に向かって人びとが力を合わせる「何か」として、上尾市との協働プロジェクトを始めたのです。初めてのプロジェクトは、上尾市商工課の協力をいただいて、市内の中小企業 3 社を訪問、あまり知られていないこうした事業者の強みを発信する PR 動画を作成する、というものでした。

　2017年度になって、ボラセンのコーディネーターから、こうした上尾市との協働プロジェクトに取り組むゼミも聖学院大学の「ボランティア・まちづくり活動助成金」に応募できるとの話がありました。この頃から、ゼミのメンバーに留学生が多くなってきましたので、上尾市を多文化共生都市として盛り上げるために何かできないか、というテーマから活動を考え、助成金へ応募してみよう、ということになりました。

　2017年度は、留学生と日本人学生が協力して上尾市内巡回バス「ぐるっとくん」を利用して巡れる施設を訪問、取材と撮影をし、上尾市の魅力を紹介する動画を作成するプロジェクトに取り組みました。作成した動画は、上尾市商工課の協力により、「あげぽたTV」（上尾市農商工観ポータルサイト）、上尾駅コンコース設置の大型スクリーンなどを使って発信することができました。

　2018年度は、上尾駅から運動施設（上尾運動公園・埼玉県立武道館）までの沿道や周辺にある地域資源や、周辺店舗のセールスポイント、学生に向けた応援メッセージ等の地域情報を収集し、これらの情報を『まちなか賑わいマップ』にまとめ、冊子やweb上で情報発信しました。製作の過程で、留学生による視点やアイディアを活かし、行政と連携してまちなかの賑わいづくり、上尾市のイメージアップを目指しました。

　2019年度は、活動の方向性を変えて、上尾市の市民協働推進課に協働をお願いしました。ゼミ生自身が外国人として日本で学ぶなかで、上尾市がさまざまな市内在住外国人向けの支援サービスを提供していることにゼミ生は

驚きました。しかし、そうしたサービスが上尾市内の外国人にあまり活用されていないという実情を聞き、なんとか状況を改善したい、という気持ちから調査研究を計画しました。調査を担当する学生とインタビュー対象者の出身国が同じ場合には、母国語で話を聞くことができるという強みを活かし、インタビューによる調査を行いました。どうして市内在住外国人がこうした活動に参加しづらいのか、その理由を明らかにし、どのようにすれば外国人に対して役に立つものとなるのかを考えていくことで、多文化共生都市・上尾を盛り上げていこうとする調査研究でした。

ゼミ生と上尾市、また市内の事業者との協働プロジェクトを遂行するなかで、教員として多くの学びがありました。組織行動論という理論を教えていますが、実際、こうしたプロジェクトに、学生をモチベーション高く取り組ませるのは簡単ではありません。教員としてはコーディネーター役に徹したいものの、学生が最初から自律的に動いてくれることは期待できません。そのプロジェクトの重要性（社会に与えるインパクト、学生自身の成長につながる、就活に活かせる、など）を訴えかけたり、各ゼミ生の適性をみながら役割を割り振ったりと、下準備と工程管理は大変です。しかしながら、プロジェクト活動を通して上尾市内の事業者や市の職員と交流したり、大学内の他団体の活動内容を、「ボランティア・まちづくり活動助成金」の公開審査会や活動報告会で見聞したりするなかで、学生の視野は広がり、大きく成長していきます。学生の成長を目撃することで、下準備や工程管理に関わる苦労は報われる気がします。また、プロジェクトを動かすために共に汗を流すことで、教室内での学びだけでは得られない、学生たちとの絆が強まるように思います。

こうしたこれまでの活動を踏まえて、2022年度は新たな取り組みに着手する予定です。一つには、プロジェクトのセッティングが変わります。聖学院大学地域連携・教育センターが、2021年度より地域と大学が連携して取り組む地域貢献活動に関して助成する「聖学院大学地域連携活動助成金」を新たに創設しました。この助成金に応募する地域の活動団体とゼミが連携する、というセッティングに変わります。2022年度は、上尾市内で視覚、身体、

知的、精神障がいのある方々が「やれること、やりたいこと」を実現させる障害福祉サービス事業を展開するNPO法人と本ゼミが連携する予定です。もう一つには、活動内容もより具体的かつ連携の度合いが深いものになりそうです。このNPO法人が運営する事業所の主製品である自家焙煎珈琲の新製品開発やパッケージデザイン、広報、マーケティングなどの活動に本ゼミが協力する計画です。新たに創設された助成金を契機に、学生は、多様な他者との出会い、そして密度の濃い活動に取り組む機会を与えられました。この機会を最大限に活かして、地域への貢献に学生が主体的に取り組むことを通して組織行動論の学びを深める、という目標の実現を目指していきたいと考えています。

2-3　福祉教育について考える会「ここわ（こころの輪）」の活動を通して

藤原由紀（心理福祉学科2019年卒／「ここわ」代表）
相川章子（心理福祉学科教授）

1）「ここわ」の誕生：孤独な闘いの道のり

　「なぜ、精神保健福祉に関してこれまでの小・中・高で全く学ばなかったのだろうか」と疑問を抱いた精神保健福祉論ゼミ生Aさんが、義務教育でも取り上げるべきではないかと、あるとき小・中・高校生向けの「精神保健福祉教育プログラム私案」をもってきました。Aさんの思いを、地域の中で、そして教育機関で展開しようと、同じゼミのBさん、また後輩ゼミ生が集まり、2008年に「ここわ」（当時は「ここ輪」、のちに「ここわ」と改称）が始まりました。

　上尾市内の小学校、社会福祉協議会、精神障がい者を主な対象としている障害福祉サービス事業所等にアクセスし、それぞれに活動の意図や趣旨を伝えましたが、「地域って言うけど、何を知っているのか？」「精神障がい者への差別や偏見がある前提のようだけれど、本当にそうなのか？」「身体障

がい者でも多くの差別や偏見がある状況なので、精神障がい者の福祉教育は100年早い」と、なかなか理解者や応援者は得られませんでした。

八方ふさがりのなか、現在のボラセンのコーディネーターに、福祉教育に熱心に取り組んでいる鶴ヶ島市社会福祉協議会を紹介してもらいました。初めて、「精神保健領域の福祉教育はなかなか取り組めなかった、ぜひやりましょう」と応援してくださったのです。夏休みのボランティア体験として「夏ボラ」を開催し、当事者の語り、ワークショップを行う1日プログラムで、当事者や家族の参加を得て、大きな一歩となりました。

鶴ヶ島での経験が足がかりとなり、その後、埼玉県精神保健福祉協会の助成金を得て、「ここ輪セミナー」「ここ輪ゼミナール」など、地域に向けて活動を始めることができました。

その後も福祉教育を専門とする研究者や実践者、当事者、家族などのもとへ出かけ、多くの応援者とつながりをつくりながら、活動を行っていきました。

しかし、在学生に思いが引き継がれることは難しく、しばらく卒業生中心の活動となりましたが、再び、2018年にゼミ生の藤原さんらによって再起しました。

以下、2)と3)で現在代表の藤原さんが、その後の活動について報告します。

2)「ここわ」の活動の目的

10年以上にわたって、聖学院大学のある周辺地域を活動拠点として、卒業生、在学生が主体となり、精神疾患・精神障がいに対する理解の促進や早期相談につなげるための予防的な福祉教育を行うことにより、共に生きることのできる社会づくりを目的とし、地域の関係機関へ協力を仰ぎながら活動を行っています。

「ここわ」の活動では、精神疾患・精神障がいの正確な知識や情報を地域の方々と学び合うことを大切にしています。そして、誰もがなりうる可能性がある身近な問題として知っていただくために、「ここわ」は「みんなで学ぼうメンタルヘルス！共に学ぼうリカバリーストーリー！」を合言葉とし、当事者の方々の語りから学びを深めることに重きを置いています。当事者が

語るリカバリーストーリー（回復への旅路の物語）を聞き、共に学び、精神保健福祉を考えていくきっかけにしていただきたいと考えています。正しい理解を深めることによって当事者への支援の仕方、関わり方などを知ることができ、障がいの有無にかかわらず、誰もが地域で自分らしく暮らすことができる地域社会にしたいと考えています。また、当事者がリカバリーストーリーを語る場の提供をしています。

3）聖学院大学ボランティア・まちづくり活動助成金

　2017年度の「ボランティア・まちづくり活動助成金」の申請をし、審査会で発表しました。発表までに、「ここわ」の歴史を整理し、私たちは「ここわ」で何をしたいのか、仲間と何度も話し合うことで、あらためて、「ここわ」の活動の必要性を感じることができました。その気持ちを他者に伝えるために、どうやって発表したらいいのか、ボラセンのコーディネーターと相談し、一つひとつ丁寧なアドバイスをいただいたことで自信につながり、当日の発表は大成功し、コーディネーターの方々、「ここわ」の仲間たちと大喜びしたことを覚えています。「ここわ」は助成金を利用することができ、精神保健福祉教育を行っている現場を視察し、意見交換ができ、「ここわ」の仲間と学ぶ時間を得ることができました。そして、「ここわ」の宣伝として、リーフレットの作成をし、「ここわ」の存在を多くの方に知っていただけるきっかけになりました。現在も活動は続いており、市民対象の人権講座の依頼や、PTA連合会が行う「人権講座」の依頼が毎年あります。このように、精神保健福祉教育の実践・当事者によるリカバリーストーリーの発表の場を提供できていることは、助成金の申請・発表を通して、私たちのやりたいことを応援してくれる人がいること、熱い気持ちは伝わることなどの体験が自信になり、助成金を利用して学びの場が広がったことが大きかったのではないでしょうか。この活動は誰のためになるのか？と弱気になってしまうことも多々ありますが、必ず誰かのためになる活動だと思えるようになりました。自信はなくていい、学生だからできることがあると知ることができました。

4）活動を通しての私たちの学び・成長

　当初、予想していた現実以上の厳しい反応に、気持ちがなえかけていた私たちに、一筋の光と希望を与えるつながりをつくってくれたのが、当時、ふんばって代表として活動していた、現在「オリーブデスク」^{*)} 担当ソーシャルワーカーらです。私たちの思いを受け止めて、一緒に活動しよう、と言ってくれる人たちの存在が、勇気となり、自信につながり、その後の活動の原動力となることを、この15年余りの活動を通して実感しています。

　連携や協働というのは、何か一つの目標が共有されたときに自然と、湧き起こるようにつながるものだろうと、「ここわ」の活動を通じてあらためて思います。精神保健福祉教育という共有できる一つの目標に向かって、学生、教員、そして地域との連続的なつながりができると、互いに良い影響を与え合い、より良い方向へ変わっていくだろうと確信します。

　　＊：オリーブデスク（障害学生支援室）は、障害や病気などにより、修学および学
　　　生生活において支援を必要とする学生の相談窓口です。（「障害」の表記につい
　　　てさまざまな議論がありますが、オリーブデスクでは「社会こそが『障害（障壁）』
　　　をつくっており、それを取り除くのは社会の責務である」とする社会モデルの
　　　観点から、「障害」の表記を使用しています。

2-4　プレイパークと大学とのコラボレーション

寺﨑恵子（児童学科准教授）

　複雑に変動する21世紀社会を生き抜く「生きる力」を育むことに、学校教育の理念があります。東日本大震災後の復興から近年のコロナ禍では、レジリエンス（回復力、強靱性、立ち直る力、折れない心など）が注目されています。自分ではどうしようもない困難な状況にあっても、それでも生きていこうとする「生きる力」の根本的な意思の力が感じられます。安全安心を確保するために感染症対策が優先されて、人びとの集まりや自由な交流活動への参加が制限され、物や人との関係も変容しました。生活環境の急変に

危機感や不安を抱いて、生きづらさや生きにくさも感じられます。私たちの「生きる力」を育む仕組みを、学校教育に限定せず、地域社会に視野を広げて考えることが肝要です。2021年度聖学院大学地域連携活動助成「プレイパークと大学とのコラボレーションによる地域貢献事業」のプロジェクトである「こどももおとなも生き生きできる遊び場をつくる『プレイパーク実習』」に、私は、学生たちと共に参加する機会に恵まれました。

「実習」は「冒険はらっぱプレイパーク」（さいたま市子ども家庭総合センターあいぱれっと屋外、NPO法人たねの会運営）で行われました。事前の講座で、冒険遊び場の歴史と現状を学びました。第二次世界大戦下のコペンハーゲン郊外に開設された「廃材遊び場」に始まる冒険遊び場は、戦後復興期のロンドンで開設され、ヨーロッパ各地に広まりました。日本では、高度経済成長期に都市開発の急進に伴って原っぱなどの遊び場が縮小されるなか、世田谷区で始まりました。子どもの権利条約（1989年国連で採択、日本は1994年に批准）第31条に基づく遊びの環境づくりは、すべての子どもに自由な遊びを保障する市民参画運動であり、「子どもにやさしいまち」づくりとしてSDGsにも結びついています。

ところが、現状では、遊びの騒々しさに対する苦情や、公園内での遊びの制限や禁止を示す看板も増えています。遊びを無用とする不寛容や無関心が遊びを生活圏から排除すると、子どもの集団遊びは消失の危機に陥ります。とはいえ、私たちは、震災復興のさなかに、それでも子どもたちが遊びを保ったことを忘れてはいません。心地よく生活していくには、顔を合わせずに用事が済む生活や消費社会のサービス提供者と受益者の固定された関係に心を閉ざすより、身近な課題を共に話し合い、子どもを見守り合い、異世代で愉しみを共有する場を開くことが肝要です。それが、子どもと大人が遊びを共創する冒険遊び場です。

「実習」では、冒険遊び場のモットー「自分の責任で自由に遊ぶ」の解釈が揺らぎました。自由に遊ぶとはいえ、何をして遊んだらよいのか戸惑うこともあります。意欲満々で遊びに参加しても、ただいるだけのときもありま

す。目的・方法・見通しの明確な計画を立てても、そのとおりの遊びになるとは限らず、名づけようのない遊びも起こります。偶然や不確実さに揺さぶられて、自由に遊ぶ難しさを感じます。「実習」はボランティア活動であり、正課の実習ではなく、成績評価を気にしなくてもよい緩さがあります。とはいえ、不安もあります。子どもたちに適切な声かけができるのか、安全安心の対策と対応ができるか、危険な遊びをどうやって止めるのか、など。子どもたちは、火を焚き、廃材で梯子をつくって櫓に上り、隙間をぬって駆けまわり、水路を掘り、泥んこになり……。学生たちは、子どもたちに呼び出され、引っ張られ、いつしか無心になって穴を掘っていた、本気になって追いかけていた……と言います。受動的な参加にみえますが、子どもと大人の境界が緩んで一緒に遊ぶ人になって同じ境地に立っている実感に、生き生きした晴れやかな顔と深い呼吸になる主体的体験です。

　「実習」後の振り返りの会で、危険管理として、リスクとハザードの区別を教わりました。残すべきリスクまで「危ない」の一言で遊びの環境から除外していなかったか、「実習」の様子を確認しました。「じゃまするワーク／寄りそうワーク」では、自分から積極的に声をかけようとして意気込む息苦しさに気づきました。相手に良かれと思ってかけた声が遊ぶ自由を妨げてしまいます。向き合いから並び合いになる遊びの方向を確認しました。仲間との対話を通じて、安全安心を一括りにしないことを分かち合えた、と感想にありました。

　学生が遊び場づくりに参加し体験することには、若者の地域社会参画の意義があります。子どもと大人の間にある青年は、移行の両義性にあり、斜めの関係が肝心です[1]。子どもたちや地域の人たちとの出会いと交わりに、青年は年上と年下の両方向にずれやすくなります。そこにそっと手を携えて遊びに誘う専門職プレイワーカーは、遊び教育家Spielpädagoge（シュピールペダゴーゲ（独）、遊ぶ人に連れ立ち随う人）です。遊び場は、家でもなく学校や職場でもない、「第3の居場所」です。そこには、親子関係でもなく、先生と生徒の関係でもなく、子どもと大人の二項対向関係をいったん解いて編み直すこと、つまり、学びほぐすunlearn体験が開かれています[2]。

　それでも生きていこうとする力は、困難を生き抜いて頑張る自立した個よりも、隣に人を呼び合い、援けを借り、物や人と応答しあって自由に遊ぶ人たちの交流に息づき始めます。失敗は「自分の責任」ですが、応答responseの余地なく、「自己責任」として相手の失敗をとがめることではありません。「自己責任」の追及に自由な遊びは妨げられ、しぼみます。遊びは、既成の枠の内外を区分する境界線をはみ出してみる冒険です。「生きる力」を育む仕組みは、子どもも大人も一緒になって遊び場をつくることに参加する学びほぐしの体験にあるのです。

注
1）　笠原嘉『青年期──精神病理学から』中央公論社、1977年。
2）　鶴見俊輔『教育再定義への試み』岩波書店、2010年。

3 ｜ 高大連携の充実

　大学では、国の政策もあり高大連携が薦められています。活発な学生ボランティアの存在は、高校と大学を結びつけるきっかけにもなっています。熱心な学生ボランティアの言葉と活動は、高校生にも影響を与えています。具体的な高大連携の内容とその効果について、実際に連携を行った高等学校の先生方に報告していただきました。

3-1　大学生とつくるスタディツアーで高校生たちが学んだこと

新井達也（自由の森学園高等学校前校長）

　私たち自由の森学園高校では、2017年の復興支援ボランティアスタディツアー「よいさっ！プロジェクト」から３年間、毎回10名程度の生徒が聖学院大学の皆さんと活動をご一緒させていただきました。

「自由の森の高校生の皆さんはどんな活動をしたいですか？」

一つひとつの活動のたびに、ボラセンの方々は必ずこの問いを投げかけてくれます。それはコーディネーターの方々だけでなく大学生の皆さんも同様です。

実はこの問いこそが、ツアーに参加させていただいた高校生たちの学びへの大きな原動力になっていたのではないかと私は思っています。

夏に行われる「よいさっ！プロジェクト」は、5月中頃から準備のためのプロジェクトリーダー会議が始まります。高校生たちも数名のリーダーを選び、準備段階から参加させていただきます。その会議で必ず、「どんな活動がしたいのか」という問いが示されます。ある程度の予備知識や問題意識が自分の中になければ、そう簡単に答えられるものではないでしょう。

高校生たちはその問いに向き合うことから、「連れて行ってもらう側」から「ツアーのつくり手」としての転換を求められていくのです。そのことは、高校生にとって大きなプレッシャーであると同時に、一人の人として対等に受け入れてもらえている喜びでもあったようです。

そして、実際に生徒たちの提案をもとにして、さまざまな活動が実現していきました。

「仮設住宅に住んでいる方々のお手伝いがしたい」「釜石の漁師さんの話が聞きたい」「子どもたちと一緒に何かをつくり上げたい」「釜石の小中学生が避難した道を歩きたい」などなど。これらの企画が実現した背景には、思いつきに近いような高校生たちの「やりたい」に対しての、ボラセンのコーディネーターの皆さんや大学生の方々のさまざまなアドバイスやサポートがあったからだと思っています。

しかし、重要な局面では、高校生たちの企画に「立ちはだかってくれる」こともありました。

2019年度のプロジェクトリーダー会議で、自由の森の高校生からある提案がされました。

　それは、仙寿院住職の芝崎惠應さんのお話が聞きたいという企画でした。釜石市の高台にある仙寿院には震災当時700人以上の方々が避難し、以降、仙寿院は151日間の長きにわたって避難所として運営されていたそうです。住職の芝崎さんは、映画『遺体　明日への十日間』（2013年2月公開）の中で重要な役割をしている國村隼さん演じる住職のモデルにもなった方です。映画『遺体』を事前学習で見た生徒たちは、あの住職さんのお話が聞きたいという企画を立ち上げたのです。その企画に賛同する大学生も多数いました。しかし、住職の芝崎さんをよく知るコーディネーターからは、被災者のストレスを受け止め続けた住職さんには現在もなおPTSDの症状があることを知らされました。大学生のリーダーの一人からは、そういう状態にある人からは話を聞くべきではないとの問題提起もありました。

　このリーダー会議では結論を出さずに、それぞれの学校に持ち帰り、議論していくことになりました。自由の森でも時間をかけてこのテーマについて真剣な話し合いが行われました。

　そして、自由の森では、「自分たちの学びと人の命を天秤にかけることはできないが、自分たちの思いは住職さんに伝えることはしていこう」ということになりました。みんなの思いを手紙につづり、下見に参加する大学生に託すことにしたのです。

　そうした過程を経て実現した住職さんのお話は、リアルな震災当時の様子、「自分の命を自分で守ること」の本質について、宗教についてと、まさに魂のこもったお話でした。

　提案者の一人の生徒は、次のようにその時の思いをつづっています。

　　「住職さんのお話が最も印象に残っている。本当にあのあたたかい笑顔に涙が止まらなかった。津波の恐ろしさを今回は以前よりも知ることができた気がする。津波の動き方、ただ流れてくるだけでなく渦を巻いてくる。洗濯機のように。家のギシギシという音はしても、津波の音は

聞こえない。とても静か。（中略）住職さんにお話を伺ってよいのか、すごく難しくて話し合いをしたけど、何が正解かわからなかった。けれども、お話を伺ったことに後悔はしていない。このお話をどう伝えていくのか考えていきたい。」

また、このことは住職さんだけでなく、スタディツアーで話をしてくれる全ての人に共通することであることも、生徒たちは気づいていきました。

「朝日新聞の『折々のことば』に、8月9日の原爆忌の日『Your story, our history』という言葉が載っていました（2019/8/9朝刊）。わたしはこの言葉を見て、真っ先に釜石のことを思い出しました。住職さん、鵜住居児童委員さんと消防団員さん、公営住宅のおじいちゃんおばあちゃん、それぞれがそれぞれの背景と物語、ストーリーをもっています。しかしそれを個人や限られた人間のストーリーで終わらせず、『わたしたちの歴史』にしていくためには、そのストーリーをもたないわたしのような人が学ばなければいけません。（中略）

何が起こっていたのかを学ぶことは、何が失われたのかを知ることです。何が失われたかを知ることは、その街や人のかつての姿を知り、それらが失われたことを心の底から悲しむことができるようになることだと思います。わたしは、被害に遭った街や人をほんとうに追悼するためにこれからも学ぼうと思います。そしてそこから、わたしなりに『未来を拓く』ことを始めていきたいです。」

「自分たちは何がしたいのか？」という問いから始まり、大学生の皆さんと共に議論しながらツアーをつくることにより、高校生たちは多くのことを学んでいることがわかります。そして、それは「他者の痛みへの想像力」をもちながら事実と向き合うことであり、そのことにより、簡単に結論づけて自分の中にとどめてしまうのでなく、これからも自分自身のテーマとして持

ち続けていこうということなのかもしれません。

3-2　聖学院大学との連携を通して常盤高校が受けた影響

守屋有紀（埼玉県立常盤高等学校教諭）

　常盤高校は、5年一貫教育により看護師を養成する専門高校です。平成26年度より5年間、社会の変化や産業の動向等に対応した、高度な知識・技能を身につけ、社会の第一線で活躍できる専門的職業人の育成を図る「スーパー・プロフェッショナル・ハイスクール（以下、SPH）」の指定を文部科学省より受けました。この取り組みの目標としてあげられた、「豊かな人間性を育て生涯学び続ける力を身につけ社会で活躍することを目指した教育活動」の主となる活動として、聖学院大学の取り組みに参加するかたちで3年間、「復興支援ボランティアスタディツアー」（以下、スタディツアー）を行いました。本校ではこのスタディツアーは3年間の取り組みでしたが、一緒に活動していくなかで、聖学院大学ボランティア活動支援センターの方々の活動への取り組みや、学生への支援の方法など、本校の職員や生徒はさまざまな影響を受け、本校の教育活動に大きな変化をもたらしました。

1）聖学院大学との連携からスタディツアーに参加するまで

　SPHの応募にあたり、主たる企画として、震災直後より被災地を支援していた聖学院大学と連携を行い、被災地でのボランティア活動に参加することをあげました。そのねらいは、東日本大震災から3年が経過した時期に被災地で起こっていることを知り、社会で起こっていることにも関心を寄せるきっかけとなり、生徒が自分たちにできることを考えるようになることです。連携が決まると、私たち教員は、大学の職員と事前に行われる釜石での打ち合わせに同行しました。その後のプロジェクト会議では現地のニーズに合わせて企画を考え、綿密に準備が進められていることを知りました。そし

て、このスタディツアーが、聖学院大学と釜石の方々との信頼関係により行われていることを強く感じ、ボランティアは一方的なものではないという、当たり前のようで実は難しい、ボランティアを計画する上での基本を教えていただきました。

活動1年目は、聖学院大学の企画に一緒に参加したかたちでしたが、2年目以降は、本校の生徒からもプロジェクトリーダーを選出し、大学生とのプロジェクト会議に参加し、「常盤生としてできる企画」を考え実践するようになりました。

2)「常盤生としてできる企画」の実践

活動3年目には、2年間のノウハウを活かして3つの企画を考えました。それまでのツアーの経験から、津波の被害を受けた地域では、空き地や駐車場などに仮設住宅が建てられたため、遊ぶ場所がなく、また仮設住宅では大きな声を出すことができないために、思いっきり遊ぶ場所がなく、ストレスを発散できていない子どもが多くなっていること、また、小さな仮設住宅では、勉強する場所がなく、学力の低下が問題になっているという現地の状況がわかってきました。生徒たちは、そのニーズに応えるためには何ができるのか、どんな経験を活かすことができるのかを考え、大学生やボラセンのコーディネーターの方々のアドバイスをいただきながら企画を練っていきました。

企画の1つ目は、学習支援として「プチナース体験」を行いました。釜石にある児童館から学習支援をしてほしいという要請を受けたもので、子どもたちを対象に聴診器を使って呼吸の音や心臓の音を聞く体験を行いました。画用紙でナースキャップをつくったり、ナースウエアを着て写真撮影を行ったりしました。最初は、緊張していた子どもが、徐々に学校の様子や、夏休みの話などをしてくれ笑顔になる様子を見た生徒たちは、とてもうれしそうにしていました。

2つ目は、「かまいしのうみをつくろう！」です。子どもたちと、みんなで一つのものをつくりたいという思いから考えられました。子どもたち全員

が思い思いの魚の形をした紙に色を塗り、それを大きな模造紙に貼り大きな海をつくりました。

　3つ目は、子どもの保護者や買い物に来ている一般の方と触れ合い、現地の方の声を聴きたいという願いから、お茶部に所属している生徒による抹茶のサービスや、ハンドマッサージを行いました。生徒たちは、自分たちの企画を実行し、子どもたちとの関わり方や、慣れない大人への声のかけ方に戸惑いながらも、子どもたちの笑顔や、「ありがとう」の言葉をかけられたことで、自分たちが元気づけられていることに気づくとともに、大きな達成感を得ることができたようでした。

　学校に戻った生徒たちは、これらの活動や見学した被災地での経験や学びを報告書にまとめ、全校集会や文化祭で報告しました。被災地に行っていない生徒にとっても、他の生徒の経験を通して、被災地で起こっていることを知り、関心をもつ機会となったようでした。

3）連携を通して常盤高校が得たもの

　生徒たちは、被災地の見学を通して予想以上に津波の跡が残っていることを目の当たりにして、テレビなどの報道からは知ることのできなかった震災当時の津波の大きさを実感していました。また、地元の方と一緒に「釜石よいさ」に参加し、沿道の方からの応援を受け、生徒たちは、現地の方々の温かさを身体で感じて、私たち教員が予想していた以上に多くのことを学び、考える機会となったようでした。

　まとめとして、「復興」は街を元に戻すことだけでなく、その様子を発信することで被災地のことが知られ、新たな町がつくられていくことから、風化させないことが大切と考え、取り組みを報告書として残しています。報告書は一人ひとりが学んだこと、考えたことが率直な言葉で書かれ、今後常盤としてどのように活動していきたいと考えているのかがまとめられ、生徒の思いが詰まったものとなりました。このことから、被災地を訪れ、生の声を聴き、体験することの大切さがみえてきました。少しでも多くの生徒に被災

地を訪れる経験をさせたいと考え、専攻科1年生で実施している宿泊研修
として、被災地の見学や災害拠点となった病院での講義など、宮城県での宿
泊研修が行われるようになりました。

　一人では、何も始められなかったことが、みんなで考えることでできるこ
とがあるということを、教員も生徒も学ぶことができました。このようなリ
アルな経験が、生徒の心を豊かにし、他者に対して関心や思いやりをもつこ
とや、学習して課題を解決していく力へとつながっていくのではないかと考
えています。そして、このような機会をつくっていただき、そのノウハウを
伝授してくださった聖学院大学ボランティア活動支援センターの皆さまには
本当に感謝しています。

3-3　大学生の学びを通して私たちが学ぶこと

伊藤　豊（聖学院中学校高等学校教諭）

　　喜ぶ人と共に喜び、泣く人と共に泣きなさい。

（ローマの信徒への手紙　12章15節、『聖書　新共同訳』）

　2022年度聖学院中学校1年生の教室にこの聖句を掲示しています。育て
たい生徒像を表す聖句として、中高6年間の苦楽を共にする担任教師たち
がこの一節を選びました。

　聖学院中学校では、「総合」の科目を「L.L.T.（Learn, Live Together の
略）」と呼び替え、自己探究、社会探究を実践しています。L.L.T.は、自分
の殻を破って他者と連携し、社会や自然に関わってゆくという、聖学院の描
く成長ストーリーの中軸を成しています。この世界の中で誰に寄り添い、ど
のような未来をつくるのか？　同じ時代を生きるすべての人に関わる問い
に対し、日々の活動を通して自分なりの答えを見つけてゆきます。

　私は2019年度以来、3学期のL.L.T.の授業設計を任されています。生徒

161

たちが主体的に学ぶ仕掛けとして、「誰がまちを守るのか？」というドライビング・クエスチョンを与えます。各自が自分なりの地域社会への関わり方を見つけてほしい、そんな願いを込めてこの問いを立てました。

　しかし実際のところ、中学1年生の段階では地域に守られることは多くても、地域を守る役割が与えられる機会は多くありません。また、都心の私立中学校に通う生徒たちは、進級するにつれて地域との関わりが薄くなってしまう懸念もあります。

　初回の授業では、生徒たちが自分の暮らす地域にどれくらい愛着を感じているのかを聞くことにしています。アメリカの旅行作家テリー・ピンデルはその著書 *A good place to live*（1995）の中で、魅力ある街を構成する要素として「歓声をあげたり、楽しく打ち解け合える場所がある」「文化的な雰囲気や自然が感じられる」「快適さ、居心地のよさ」「気候のよさ」など6つをあげています。これに基づいて生徒たちに自分の街を評価させてみると、毎年多くの生徒が高評価を出します。私にとってこれは意外な結果でした。ギャングエイジの時代を塾通いに費やした彼らは、自分の街にそれほど関心をもっていないはずだ、という私の推測は大きく外れていました。中学生たちは自分の暮らす地域に愛着を感じているのです。

　そうであるならば、より主体的に地域社会に関わってゆく動機を与えることが、この授業のいちばんのねらいになります。2019年度以来、聖学院大学ボランティア活動支援センターの協力を得て、大学生による特別授業を実施してまいりました。

　大学生の春休みに合わせて2〜3月の間に「大学生によるボランティア体験談」「大学生による防災学習教室」の2回の授業を行います。ボランティア体験談は、パンデミック直前の2019年度は対面で、2020年度、2021年度はオンラインで実施しました。5つのテーマを設定し、生徒たちには事前にアンケートをとって自分の関心に触れるテーマを選べるようにしました。

　中学1年生にとって、ボランティア活動に励む大学生は、社会との関わり方のロールモデルです。大学生の活動を通してそこにある地域の課題を知

り、大学生の語り口から課題に向き合う姿勢を感じ取ります。例えば、「オンラインでの子どもたちとの交流」の報告を聞いた生徒たちは、大学生の語りを通してコロナ禍での子育て支援の必要性を知ることになりました。「障がいをもつ子どもたちとの交流」では、大学生の精一杯の語りから、支援が子どもの自立を阻害するというジレンマを受け止めることになりました。「防災学習教室」の語りからは、「自分が率先して家族を避難させたい」「近所の人たちと交流することが大事」といった学びがありました。

　大学生という遠いようで近いような距離感は憧れの感情を生み出すようで、社会との関わりを感じる上でちょうどいいのかもしれません。2019年度は対面での授業がかない、車座になって対話する方法をとることができました。話者と聞き手が 2 〜 3 メートルほどの近さに集まると、個人的なやりとりが可能になるだけでなく、お互いの人柄も感じられます。「興味がある」から「やってみる」への自己変容を生むためには、話し手を近くに感じることが大切だと感じました。

　授業後に書く「ふりかえりシート」には、大学生への敬意と応援だけでなく、身近なところに社会課題があること、自分の得意や関心に応じて社会に貢献できることなど、自分の身の丈に合った新たな発見がたくさん書かれています。

　生徒の質問をとりまとめて大学生に送り、大学生からの回答を生徒と保護者へフィードバックしています。大学生の回答に決意を感じることがたびたびあります。

　「障がいをもつ人を差別する人たちがいます。その人たちのことをどう思いますか」という問いに対し、ある大学生は、「偏見をもって差別をするような人たちに対しても、むしろそういう人たちと真摯に向き合い、学び、考え続ける必要がある。そうしなければ、関わろうとすら思えなくなってしまう」と答えてくれました。

　私の中に彼の言葉が強く残っています。彼の言葉によって示される世界観は、そのまま聖学院中高が目指すべき地平であり、このL.L.T.という授業

はそのための実践の場でなければなりません。

　　　喜ぶ人と共に喜び、泣く人と共に泣きなさい。

　教室に掲示された聖句を見るたびに、私は大学生たちのことを感じます。中学生たちにとって良きロールモデルになってほしくて協力をお願いしているのですが、実は、彼らから最も影響を受け、日々の励みにしているのが私自身なのです。

──── ■コラム■ 外からみた聖学院大学ボランティア＆ボラセン─⑥ ────

学生の力を引き出す専門職の存在

小倉千春（立正大学ボランティア活動推進センター）

　私からみた聖学院大学ボランティア活動支援センターは、常に先進的な取り組みをしており、ボランティア活動を熱心に行っている学生が多くいるという印象があります。熱意あるコーディネーターが常駐し、学生に寄り添ったサポート、学生が力を発揮し成長できる機会の提供、さまざまな面において学ぶべきものが多くあります。

　大学のボランティアセンターは正規の専門職が配置されるケースが少ないなか、聖学院大学は複数名もの熱意ある専門職員が配置されています。これは大学内でボランティア活動の教育的機能が評価され、ボランティアセンターへの期待が大きいからではないでしょうか。専門性の高いコーディネーターが複数名常駐しているため、学生への手厚いサポートが実現でき、そのサポートはボランティア活動のみならず、学生生活、将来のことに関してまで、人としての成長をサポートしている様子がうかがえます。

　またドネーションシステムの導入、地域や高校生とのコラボ企画など、先進的な取り組みで学生の力を最大限に発揮できる場を提供し、なおかつ自主性を引き出しながら、成長できるような教育的配慮は、経験豊富な専門職だからこそできることだと思います。

　このような取り組みから、聖学院大学のボランティアセンターは首都圏の大学ボランティアセンターの中心的な役割も担い、他大学への影響も大変大きなものであると思います。今後も首都圏のみならず全国のボランティアセンターを牽引する存在であることを期待します。

───**■コラム■　キャリアサポートセンターからみる学生ボランティア**───

学生のキャリア形成ツールとしてのボランティア

山田　真（聖学院大学キャリアサポートセンター）

　人は、興味や好奇心による行動によって、偶然の出会いを引き起こし、その経験から新しい価値観を見いだすというキャリア理論があります。

　最近、進路支援で気になることは、学生たちの他者との直接的な交流が希薄になっていることです。コロナ禍やスマートフォンの影響によるものなのか、学生時代に自分が頑張ったことが言えず、自信のなさそうな学生が目につくようになりました。

　2019年の夏、私は「復興支援ボランティアスタディツアー」へ学生たちと参加しました。行きの道中では、大人しそうな学生が見受けられ、彼らが能動的に活動できるか不安でした。現地に到着して間もなく、地元の人から震災時の話を聞く機会がありました。長旅の疲れもあるなかで、目が覚めるような話に食い入り、学生たちも前のめりになりました。振り返りで、「私たちに何ができるのか」を討論する彼らの姿を見て変化を感じました。これは、大人たちが経験や文化を真剣に伝えようとする姿に、学生たちが触発されたのだと思います。

　2021年度、この時に一緒に活動した学生の進路支援を担当しました。コロナ禍でもオンラインで復興支援を継続しており、2年前とは見違えるほど自信がみなぎっていました。進路は「他者のために自分ができること」を軸にして就職を決める学生が目立ちました。

　周囲の影響を受けて自分は何者なのかを考え、社会にどう貢献したいのか、使命感をもつことができるボランティアは、学生のキャリア形成ツールとして、これからも重要な役割を担うことでしょう。

大学理念とボランティア活動の意義

清水正之（聖学院大学学長）

はじめに

　人々の必要に応じて、いち早く、自発的に組織的に公共的に手助けをする。ボランティア活動がこの社会にも定着して久しくなりました。聖学院大学はキリスト教主義の大学として、他者のために、社会のために「仕える」人間性の育成を掲げています。教養と専門的知識を土台に、「よき市民」として他者との協働のなかで貢献できる「人間力」をつけることを目指しています。ボランティア活動と一口にいってもその内容は、多岐にわたります。この小論では、考え方と実践を「環境」に焦点を当てて思想史的に振り返り、その意義をあらためて考えます。

1. 理念と地域

　「グローバルに考え、ローカルに行動する（Think globally, act locally）」というフレーズは、環境保護思想のなかから登場し、地球規模の課題に向き合うとともに、実践・行動は身近な場でなされねばならないという標語として確立しています。他の分野でも使われますが、その起源はどこにあり、誰の言葉なのでしょうか。例えば福岡伸一は、著書『ルリボシカミキリの青』のなかのアメリカの微細菌学者・環境保護活動家ルネ・デュボス（René Dubos, 1901-1982）に触れた小論で、デュボスの言葉として掲げています[1]。

　デュボスは、人間は、「地球の上」ではなく「地球の中」に住んでおり、他の生態系と比較し、「環境」のなかにあり環境によってつくられると同時に、環境に作用を及ぼす存在であるといいます。生態学的環境と人間文化との間には「基本的な矛盾」があり、人間が環境を有史以来変化させ、時に破壊し

てきたことは確かであるが、他方で人間と環境の間には緩い相互関係があり、人間の自然への介入が逆に生態系の回復を起こすこともあったといいます。その意味で人間と自然との共生は可能であるとして、The Wooing of Earth（1980）では、「環境の管理」「地球の管理」を主張し、自らの立場を従来の意味とは異なる「人間中心主義」と称しました[2]。

　ではこの言葉はデュボスのものなのでしょうか。邦訳『いま自然を考える』の178頁、「将来の一般的な管理の方式は、地球的に考え地域的に行動するということかもしれない」がそれにあたります。原文では、"The general formula of management for the future might then be: Think globally and act locally" [3] となっています。〈地球上の根本的な問題は全ての場所で同じだが、これらの解決は地域的な状況と選択に条件づけられる〉という彼の趣旨の定式化ですが、いくつかの異説のように、1960年代から70年代の環境保護運動のなかで、いつからか使われ始めた言葉とみておきたいと思います。

　Local（locally）という言葉に関連して、デュボスが同書で環境保護運動の立場から「場所」に着目していることにも興味をひかれます。人間は健康に適った条件や資源等、単に良い環境条件という以上のものを、自分の住んでいる環境に期待している、としています。

　　「自分の住む場所との密接な相互作用、つまり一体化を通してのみ得ることができるような感覚的、情緒的、精神的な満足感を経験したいのである。この相互作用と一体化によって、「場所の精神」が生みだされる。環境は自然と人間の秩序の融合を通して、場所の特性を獲得する。すべての人間は、生物学的ならびに経済的幸福に対して、基本的にはほとんど同じ基本的要求を持っているが、人類のいろいろに異なる表現の多くのものは、ある特定な場所でしか満足させることができない。」（邦訳書、126頁。下線は筆者による強調）

この場所は、町村さらに広い特定の地域を含意します。ちなみに「地域」

とは多様な使われ方をする概念ですが、生態学的観点では、20世紀初頭、都市計画に地域（リージョン）あるいはエウトピア（Eu-topia、ユートピア、よりよい場所）という概念を導入し、地域調査（リージョナル・サーベイ）運動を主導したスコットランドの生物学者パトリック・ゲデス（Patrick Geddes, 1854-1932）にその由来があるとされます。Localが「地域」の意味をもつ流れの背景もまた深いものがあります。

　19世紀の後半から、英国の生態学が環境保護と深く関わる問題意識をもつようになり、1970年には英国生態学会で初めてecological ethicsという用語が登場します。環境倫理、すなわち自然に接するには科学的視点のみでなく、倫理も必要ではないか、という視点です。こうして、生態学ecologyが同時に環境保護の意味でのecologyとして広く使われるようになりました。環境保護思想は、自然科学である生態学が、生態的・人間的環境に強い関心を抱き誕生したのです。

　他方、グローバルという言葉も重要です。資源の有限性など同じ課題に直面する地球を「宇宙船地球号」（Spaceship Earth）とする表現もよく使われてきました。こちらはアメリカの建築家、リチャード・バックミンスター・フラー（Richard Buckminster Fuller, 1895-1983）の言葉とされ、のちにケネス・E・ボールディング（Kenneth Ewart Boulding, 1910-1993）が経済学にこの概念を導入したとされます。

　それら言葉の淵源を尋ねることは、ここまでとします。私たちが直面しているのは、地球規模の課題であり、対応し対処し、実践するのは、身近な場所＝地域であるという一般的事実です。

2.　地域の思想の発生：1960〜70年代

　1960年代から80年代は、環境保護の運動や思想にとって大きな意味をもつ時代でした。1960年代には deep ecologyという発想が、アルド・レオポルド（Aldo Leopold, 1887-1948）のland ethics[4]（土地倫理）を見直すかたちで登場します。「人間の生存自体が環境にとって害である」から、「環境

破壊の元凶とみなされる従来の伝統的な西洋の人間中心主義的な考え方」を見直し、「地球全体の生態系を有機的なつながりのある全体的な生命体とみて、個よりは種に、特定の種よりは生命全体に、生態系を構成する無機物までも含めた存在全体により高い価値を置こう」とする考え方です。デュボスの「人間中心主義」は、このdeep ecologyへの批判を含意しています。

　60年代、環境汚染の問題が先進地帯の問題となりました。レイチェル・カーソン（Rachel Louise Carson, 1907-1964）の1962年の『沈黙の春』[5] は、化学物質、農薬の危険性を訴えて世界的なベストセラーになります。科学の自然への侵害が問題を引き起こしている、という認識が高まります。deep ecologyはそうした侵害自体を悪とし、西洋の人間中心主義的な自然観の転換を求めるラジカルな運動でした。

　1970年代には、国際的な捕鯨の問題等が起こります。ローマクラブという国際的集まりが『成長の限界』[6] を発表し、地球上の資源の有限性に警鐘を鳴らしました。さまざまな問題が一挙に生起し渾沌としていました。1960年代から70年代にかけて、「グローバルに考え、ローカルに行動する」（Think globally, act locally）は徐々に市民にも浸透していきました。

　前述のデュボスが *The Wooing of Earth*（1980）のなかで、「自然条件を無視した非現実的な技術とか建築術によって形作られた未来を想像」するような科学への過信が「根本的に変わったのは1960-70年代のことであった」（邦訳書、161頁）と回顧するのもこうした思想的な潮流を踏まえたものです。ちなみにデュボスは地球を脅かす問題として、核戦争、若者の失業、人口過剰、環境の悪化、エネルギーと資源の浪費、環境汚染、気候変化の可能性、技術応用と制御の処理の破綻、国家間の格差の増大、等々をあげており、先駆的予言的意味ももっています。

3.　グローバル化と地域

　大航海時代に始まり産業革命を経て、西洋社会の外にも近代化＝文明化の波が押し寄せました。遅れて近代化に直面した日本ですが、福澤諭吉は『文

明論之概略』（1875）[7] のなかで、文明化の特徴として「空間の縮小」と「情報（インフォルメーション）」の二つをあげています。空間の縮小は船舶の往来の時代とは異なり、情報も電信や郵便の当時と今の電子化の世界とは質的に異なるとはいえ、なお私たちは同質の傾向の時代を生きていることがわかります。他方でこの空間の縮小は、現代では、ますます生活の均一化を世界中にもたらしました。

　1970年代の環境問題や生命倫理、女性解放運動は、市民という普遍化できる階層の出現を背景にしていました。この間に環境思想も、対象としての「自然」という環境から、人間の生存と尊厳を守る「人間主義」に変化していったといえます。同時にその人間主義は、人間こそが破壊をもたらしたという思想（＝人間はものとしての自然を特権的に利用し尽くしていいのだという機械論的な自然観とそれに対応する人間中心主義）を脱して、新たな色彩を帯びていきます。こうした思想が政策面だけでなく、市民運動として展開されるなかで、環境汚染が地域の生活の破壊であるということから、「地域」という観念の認識が徐々に高まってきたといえます。

4. 生活の「場所」としての「地域」

　私は1993年 4 月より 7 か月間、ドイツ西部の工業都市ボーフムに住まいを借りて滞在していました。この州ではその年の 5 月末、家庭ゴミの分別収集が始まりました。大家さんや近隣の住民が真剣に向き合っていたことが懐かしく思われます。当時居所の川崎市は、今では考えられませんが、毎日ゴミの回収があり、何でも一緒くたに出してよいというしくみでした。帰国後分別収集が始まったのは、それから 5 年くらい後であったかと思います。

　近代日本の思想の流れを振り返ってみます。上記の新しい人間主義には、いわゆる全体論的思想の萌芽がみられます。和辻哲郎は「人間の学」としての倫理学という立場から、人間の生の時間的契機のみを取り上げるとみえるハイデガーに対して、空間的契機を重視する倫理学を構想します。空間とは、人間相互の日常的関係の関わりの場であり、そこでは自然も超越的に存在す

るのではなく、人間の生の一契機とされます。その生は、和辻によれば、人間の関係からそれを基礎に成り立つ文化、宗教、経済的諸関係などの人間の精神的所産にその文化圏の固有の「風土」として作用し、人間存在の契機となるという視点から、比較文化的考察をしています。風土的空間は生活の空間を特徴づけます。

　和辻の理論に対しては、その直感的主観性の風土概念に従来批判があります。しかしまた、むしろ自然科学者の側からの好意的理解もあります。例えば寺田寅彦は、和辻の自然的環境と文化的環境の相関的解釈を、「全機的自然観」として高く評価しました。

　デュボスは前出のように「場所」という概念を提示します。それは元来生態学的着眼からの概念ですが、「『環境』という言葉は人間が地球との間で営むことのできる関係の本質を」伝えられないとし、人間の求めるのは環境条件以上のものであり、環境に期待しているとして、先に引用したような考えを述べ、「場所の精神」が生み出されるといいます。人間がつくる景観であり、建築、造園・公園等はその所産です。

　和辻に触れたのは東洋や日本の思想的特性を強調したいためではありません。近代のある種の全体論的（holistic、個は全体に属する）思想のなかに、場所という問題意識、文化的景観という点で共通で普遍的なものがあるということです。近代日本の代表的哲学者である西田幾多郎はその中期に「場所」という概念を提示します。環境の思想において、これもまた別の視点となりうるものと考えていますが、ここでは触れません。生活の場の重視は、西洋中心の無形式の普遍主義への批判とも通じます。個別の文化的個性と結びつく地域の重視は、時に極端な文化主義に陥りかねませんが、環境に関わる思想は、地域を善く生きることがある種の普遍的課題であるということで、共通の人間的な認識を生み出してきたといえるのではないか、と考えています。

おわりに：場所と実践・思想の身体化

　洋の東西を問わず、思想は伝統のなかで、かつては知的な営みは実際的行

為より価値が高いとされてきました。20世紀の後半からの動向は、知と実践の乖離をあるべき一致に戻すという意義をもっていると思います。それは、〈地球規模で考え、地域で行動する〉というかたちで、生活の基盤たる場所＝地域において、全世界的課題に具体的かつ個別化して対応するということです。もちろん、立場の相違はあり、対立はあります。ですが、現代の課題は科学的知見を含め、普遍化を模索する志向を同時に含みとって立てられ検証が続けられるという性質をもつものです。知の普遍的要請を新たな実践に組み替えていく過程は、その意味では問題の生活化であり、知の身体化であるともいえます。

　実践の基盤を具体的な場に見いだすということは、本学のキリスト教と関わります。愛は、聖書ではしばしば寓話的に具体的な場に即して語られます。「神を仰ぎ　人に仕う」実践は、その場の具体性を限りなく一身に背負ってなされます。大学の学問研究は理念の普遍性（永遠の相）を求めるものですが、他方で、知を通して求められる実践は、具体性と身体性を負った場で果たされるものです。

　大きな知の変換の過程のなかに、私たちも大学もあるといえます。具体的な場所の思想と実践において、人は他者と結びつき、自他の協働的場所がつくられます。「共感力」「対話力」「実践力」は、人間の関係の普遍化の可能性に照らされつつ、形成し維持し更新する力と考えます。

注
1）　福岡伸一『ルリボシカミキリの青——福岡ハカセができるまで』文藝春秋、2012年、213頁。
2）　ルネ・デュボス『いま自然を考える——地球への求愛』長野敬訳、思索社、1983 年、70 頁。René Dubos, *The Wooing of Earth: New Perspectives on Man's Use of Nature*, Charles Scribner's Sons, 1980.
3）　Gerard Piel and Osborn Segerberg Jr. eds., *The World of Rene Dubos: A Collection from His Writings*, Henry Holt, 1990, p. 398.
4）　A. Leopold, *A Sand County Almanac*, Oxford University Press, 1949. アルド・レオポルド『野生のうたが聞こえる』新島義昭訳、講談社、1997年。

5) Rachel Carson, *Silent spring*, Fawcett, 1962. レイチェル・カーソン『沈黙の春』青樹簗一訳、新潮社、1974年。

6) Donella H. Meadows et al., *The Limits to growth: a report for the Club of Rome's project on the predicament of mankind*, Universe Books, 1972. ドネラ・H・メドウズほか『成長の限界』大来佐武郎監訳、ダイヤモンド社、1972年。

7) 福澤諭吉『文明論之概略』齋藤孝訳、筑摩書房、2013年。

資料1：関連団体ウェブサイト一覧

聖学院大学ボランティア活動支援センター
https://www.seigakuin.jp/life/seig-volunteer/

明治大学ボランティアセンター
https://www.meiji.ac.jp/campus/volunteer/index.html

中央大学ボランティアセンター
https://www.chuo-u.ac.jp/usr/volunteer/overview/

立正大学ボランティア活動推進センター
https://www.ris.ac.jp/introduction/volunteer_center/index.html

社会福祉法人東京都社会福祉協議会　東京ボランティア・市民活動センター
ボラ市民ウェブ
https://www.tvac.or.jp/

公益財団法人日本財団ボランティアセンター　日本財団ボラセン
https://www.volacen.jp/

社会福祉法人全国社会福祉協議会　ふれあいネットワーク
https://www.shakyo.or.jp/index.html

認定NPO法人彩の子ネットワーク　　http://www.sainoko.net/

さいたま北商工協同組合　　http://www.saitama-n.com/

自由の森学園高等学校　　https://www.jiyunomori.ac.jp/

埼玉県立常盤高等学校　　https://tokiwa-h.spec.ed.jp/

聖学院中学校高等学校　　https://www.seigakuin.ed.jp/

資料

資料 2 ：ボランティア活動支援センター年表

年度	内容	対応する箇所
2000	・ボランティア掲示板設置	第 1 章 4 節、 第 2 章コラム④、 第 4 章 1 節
	・ボランティア部会設立	第 1 章 1 節・ 4 節、 第 4 章 1 節
2001	・NPO 法人コミュニティ活動支援センター設立（2014年12月活動終了）	第 1 章 1 節
2002	・ボランティア論・概論開講	第 2 章コラム④
2006	・国際ボランティア論A・B開講	
2011	・聖学院大学復興支援ボランティアセンター設立	第 1 章 1 節・ 4 節、 第 4 章 1 節
	・ボランティアバス 実施（岩手県陸前髙田市）	
	・復興支援ボランティアスタディツアー「サンタプロジェクト」開始	第 1 章 4 節、第 3 章 2 節
2012	・聖学院大学ボランティア活動支援センター設立	第 1 章 1 節・ 4 節、 第 4 章 1 節
	・ボランティア実践論開講	
	・復興支援ボランティア単位認定開始（2017年度より「被災地支援・インターンシップ」に名称変更）	
	・復興支援ボランティアスタディツアー「桜プロジェクト」開始	第 4 章 1 節
	・夏のボランティア体験プログラム紹介キャンペーン開始	第 1 章 5 節
	・学生サポートメンバー養成講座開始	第 1 章 1 節・ 4 節
	・ヴェリタス祭（学園祭）にてボランティア祭（現：ボラフェス）開始	第 1 章 5 節、2 章 2 節
2013	・学生サポートメンバー共催「ボラTea」開始	第 1 章 4 節
2014	・学生サポートメンバー共催「新歓ボラTea」開始	第 1 章 4 節
	・埼玉県立常盤高等学校との連携活動開始（2016年度まで）	第 4 章 1 節・ 3 節
	・復興支援ボランティアスタディツアー「よいさっ!プロジェクト」開始	第 2 章 2 節、第 4 章 3 節
	・大学間連携災害ボランティアネットワーク加盟	第 2 章 2 節

年度	内容	対応する箇所
2015	・ボランティア活動助成金設立（2017年度よりボランティア・まちづくり活動助成金に名称変更）	第1章4節・5節・コラム①、第2章2節、第4章1節・2節
	・聖学院大学復興支援ボランティア交通費補助金設立	第1章5節
	・聖学院中学高等学校との連携活動開始	第4章3節
	・学生サポートメンバー共催「七夕ボラTea」開始	第1章4節
	・台風18号災害支援ボランティア活動実施	
	・「第1回釜石フェスティバル」実施	第1章2節
	・「3.11あの日から5年〜未来への祈り〜」実施	
2016	・台風10号災害支援ボランティア活動実施	
	・学生サポートメンバー共催「ボラ会会」開始	第1章4節
2017	・自由の森学園高等学校との連携活動開始（2019年度まで）	第4章1節・3節
	・コミュニティサービスラーニングⅠ・Ⅱ開講	第2章2節、第3章2節
2018	・「ボランティア体験の言語化技法と実践」開講	第1章コラム②
	・「平成30年度ボランティア功労者厚生労働大臣表彰」を受賞	第1章4節、第4章1節
	・釜石「キッズかけっこ教室」開始	第3章3節
	・ボランティア・まちづくり活動助成金申請団体を対象にSDGsへの理解を深める研修を導入	
	・未来をひらく〜3.11〜を埼玉県防災学習センターと共催で実施	第2章2節
	・NPO法人児童虐待防止全国ネットワーク主催「学生によるオレンジリボン運動 全国大会」参加	第2章2節、第3章2節
2019	・釜石市より2011年から続いている復興支援活動について、学校法人聖学院と聖学院大学に対して感謝状が贈られる	第4章1節
	・台風19号災害支援ボランティア活動実施	
	・令和元年東日本台風災害支援ボランティア活動実施	
	・「第2回釜石フェスティバル」実施	第2章2節
2020	・新型コロナウイルス感染症蔓延に伴い、センターの窓口業務や事業をオンライン化	
	・「復興支援オンラインスタディツアー」実施	
	・「未来をひらく〜私と3.11のこれまでとこれから」を埼玉県防災学習センターと共催で実施	第2章2節
	・「聖学院大学と被災地の歩み」実施	
2021	・新型コロナウイルス感染症蔓延に伴い、センターの窓口業務や事業をハイブリッド化	

あとがき

　聖学院大学ボランティア活動支援センター（以下、ボラセン）は多くの方々に支えられて、10年の道程を歩んできました。

　とりわけ学生たちは、ボラセンにとって何よりの支えとなってきました。ボラセンはその名のとおり学生を「支える」ことが基本的な役割です。しかし、実際の学生とボラセンとの関係は一方向ではなく、共に支え合い、育ち合う関係であったことは本書の各論考が示すとおりです。こうした関係性を構築することがボランティアコーディネーションの最も重要な本質であり、コーディネーターの専門性が最も問われる局面の一つであると私たちは考えます。この点を何より大切にしてきたからこそ、聖学院大学のボランティア活動は「人生に響く」のでしょう。

　また、こうした共に支え合い、育ち合う関係性を地域へ、また大学全体へ拡張していくことの可能性もまた、本書を通して確認することができました。ボランティア活動は課題・困りごとを抱える人びとの支えになることを目的としますが、そこでの関係性も一方向ではありません。活動の場で出会う人びととの交流・関係性を通し、むしろボランティア側が励まされ、学ぶ機会でもあります。そのような出会いは、まさに学生たちの「人生に響く」ものになっていました。

　大学教育においては、ボランティア活動はあくまで「課外活動」であり、その意味で周辺的な位置にあるように思われるかもしれません。しかし、学生ボランティアがもつ意義は予想以上に大きくかつ多様で、大学そのものを活性化させる可能性さえもっていることを、私たちはこの10年の歩みの中で目撃してきました。激動する現代社会において大学のあり方が問われるなか、ボラセンが元気に機能することの意義もまた、私たちが思っている以上に大きいのかもしれません。

　本書は49名もの執筆者によって成り立っています。先に述べたとおり、このことはボラセンが多くの学生、地域や各団体の皆さま、教職員等に支え

ていただいてきたことのあらわれです。執筆者の皆さまをはじめ、この10
年の私たちの歩みを支えてくださったすべての皆さまに、この場を借りて心
よりの感謝を申し上げます。

　最後に、本書の刊行にあたっては聖学院大学研究支援課の菊池美紀氏、聖
学院大学出版会の花岡和加子氏に多大なご尽力をいただきました。編者側で
は気の回らない細部にまで及んでご助言くださり、また、こちらのわがまま
な要求にも丁寧に応じてくださったこと、記して感謝申し上げます。

編集委員代表
聖学院大学ボランティア活動支援センター所長
若原幸範

執筆者・担当一覧

（肩書は2023年1月時点）

編集委員

若原 幸範（わかはら ゆきのり）　はじめに、第3章5節、あとがき

聖学院大学政治経済学部准教授、ボランティア活動支援センター所長。北海道大学大学院教育学研究科博士後期課程修了。博士（教育学。専門は社会教育学。主な研究関心は、地域の内発的発展と主体形成への学習・教育。主要著書に、『韓国のオルタナティブスクール──子どもの生き方を支える「多様な学びの保障」へ』（分担執筆、明石書店、2021年）、『社会教育・生涯学習論──すべての人が「学ぶ」ために必要なこと』（分担執筆、学文社、2018年）などがある。

平 修久（たいら のぶひさ）　第3章1節、第3章4節、第4章1節

元聖学院大学政治経済学部教授・副学長、元ボランティア活動支援センター所長。米国コーネル大学大学院Ph.D（都市及び地域計画学）取得。専門は、都市政策、まちづくり。埼玉県及び東京都の自治体の総合計画や市民活動推進などの委員を務める。主な著書に、『アメリカの空き家対策とエリア再生──人口減少都市の公民連携』（学芸出版、2020年）、『もう一つのスマートグロース──スマートさから学ぶもの』（三恵社、2009年）などがある。

川田 虎男（かわた とらお）　第1章1節、第2章1節、第2章2 - 9・10

聖学院大学ボランティア活動支援センターアドバイザー。非常勤講師。NPO法人ハンズオン埼玉代表理事。社会福祉士。立教大学大学院21世紀社会デザイン研究科博士後期課程修了。博士（社会デザイン学）。専門はボランティア・市民活動、地域福祉。主な著書に、『モヤモヤのボランティア学──私・他者・社会の交差点に立つアクティブラーニング』（共著、昭和堂、2023年発行予定）、『オンラインのあたたかい場づくり自主研究ノート』（共編著、ハンズオン埼玉、2021年）などがある。

芦澤 弘子（あしざわ ひろこ）　第 1 章 2 - 2 、第 1 章 5 節、第 2 章 2 - 2・4・5・8
　聖学院大学ボランティア活動支援センター・ボランティアコーディネーター。旅行会社、NPO 支援センターを経て現職。

丸山 阿子（まるやま あこ）　第 1 章 2 - 1 、第 2 章 2 - 1・7・11・12
　聖学院大学ボランティア活動支援センター元ボランティアコーディネーター。社会福祉士、保育士。現在は栃木県鹿沼市で自宅サロンを経営しながら、地域活性に取り組む。

松本 一帆（まつもと いちほ）　第 1 章 3 - 1 、第 2 章 2 - 9 、第 2 章 3 節
　聖学院大学こども心理学科2021年 3 月卒業。在学時は STEP. に所属し宮城県内の復興支援に携わるほか、サポメンとして活動。

金久保 仁（かなくぼ じん）　第 3 章 4 節
　聖学院大学人文学部児童学科 4 年。ボランティア・アソシエーション GRACE に所属するほか、サポメンとして活動中。

執筆者（学内・学外）

相川 章子（あいかわ あやこ）　第 4 章 2 - 3
　聖学院大学心理福祉学部心理福祉学科教授

新井 達也（あらい たつや）　第 4 章 3 - 1
　自由の森学園高等学校前校長

市川 淳子（いちかわ じゅんこ）　第 3 章 2 - 2
　釜石市鵜住居地区主任児童委員、元釜石市教育委員

伊藤 豊 (いとう ゆたか)　第4章3-3
　聖学院中学校高等学校教諭

岡村 佳代 (おかむら かよ)　第3章3-2
　聖学院大学基礎総合教育部教授、留学生センター所長

小倉 千春 (おぐら ちはる)　第4章コラム⑥
　立正大学ボランティア活動推進センター・ボランティアコーディネーター

開澤 裕美 (かいざわ ひろみ)　第2章コラム③
　中央大学ボランティアセンター・ボランティアコーディネーター

数井 美由紀 (かずい みゆき)　第1章4節、第2章2-6
　聖学院大学ボランティア活動支援センター・ボランティアコーディネーター

NGUYEN Van Anh (グェン・ヴァン・アイン)　第3章3-2
　聖学院大学基礎総合教育部非常勤講師

熊谷 紀良 (くまがい のりよし)　第2章コラム④
　社会福祉法人東京都社会福祉協議会東京ボランティア・市民活動センター

島村 宣生 (しまむら のぶお)　第3章3-1
　聖学院大学事務局長、陸上競技部顧問

清水 正之 (しみず まさゆき)　特別寄稿
　聖学院大学学長

須賀 隆夫（すが たかお） 第3章4節

　宮原西口商工会元会長、さいたま北商工協同組合理事

鈴木 玲子（すずき れいこ） 第3章2-1

　認定NPO法人彩の子ネットワーク 共同代表

千葉 和成（ちば かずなり） 第3章コラム⑤

　社会福祉法人全国社会福祉協議会 全国ボランティア・市民活動振興センター

寺﨑 恵子（てらさき けいこ） 第4章2-4

　聖学院大学人文学部児童学科准教授

原 一織（はら いおり） 第1章2-3

　聖学院大学ボランティア活動支援センター・ボランティアコーディネーター

宮腰 義仁（みやこし よしひと） 第1章コラム②

　日本財団ボランティアセンター

Mehran SABET（メヘラン・サベット） 第4章2-1

　聖学院大学人文学部欧米文化学科特任教授

守屋 有紀（もりや ゆき） 第4章3-2

　埼玉県立常盤高等学校教諭

八木 規子（やぎ のりこ） 第4章2-2

　聖学院大学政治経済学部政治経済学科教授

山田 真（やまだ まこと） 第4章コラム
　聖学院大学入試・広報課マネージャー、キャリア支援課前マネージャー

和田 更沙（わだ さらさ） 第1章コラム①
　明治大学和泉ボランティアセンター・元ボランティアコーディネーター

聖学院大学学生・卒業生

伊藤 みさき（いとう みさき） 第2章2-3

薊 梦雅（カイ・ムガ） 第2章2-5

金子 朋寛（かねこ ともひろ） 第2章2-1

菅野 雄大（かんの ゆうだい） 第2章2-4

菊池 祐太郎（きくち ゆうたろう） 第1章4.2-1、第2章3節

郡司（旧姓：藤川）友帆 （ぐんじ ゆほ） 第1章4.2-2

佐藤 達宏（さとう たつひろ） 第2章2-11

鈴木 雄亮（すずき ゆうすけ） 第3章4節

高橋 健太（たかはし けんた） 第2章2-6

玉之内 菖（たまのうち あやめ） 第2章3節

中川 留奈（なかがわ るな） 第1章4.2-3

長嶋 美咲（ながしま みさき） 第2章2-10

楢原 郁奈（ならはら ふみな） 第2章2-7

野村（旧姓：永松）実梨 （のむら みのり） 第1章3-2、第2章2-2

姫野 愛菜（ひめの あいな） 第2章2-2

福澤 恵美（ふくざわ えみ） 第2章2-8

藤原 由紀（ふじわら ゆき） 第4章2-3

山口 美南（やまぐち みな） 第2章3節

吉田（旧姓：荒木）樹羅 （よしだ じゅら） 第2章2-12

共に育つ "学生×大学×地域"
——人生に響くボランティアコーディネーション

初版第 1 刷発行　　2023年 3 月 1 日

編　者　　聖学院大学ボランティア活動支援センター
発行者　　清水正之
発行所　　聖学院大学出版会
　　　　　〒362-8585　埼玉県上尾市戸崎 1 - 1
　　　　　Tel. 048-725-9801　　Fax. 048-725-0324
　　　　　E-mail: press@seigakuin-univ.ac.jp
装　丁　　岸　和泉
印刷所　　株式会社クイックス